Le français
par la méthode
CERAN

Grammaire

Illustrations :
Kasuku
Acteurs principaux ayant prêté leur voix pour les CD :
Corinne Hoehn et Christophe Ronveaux
Acteurs secondaires :
Valérie Muzzi et Soufian El Boubsi

© CERAN LINGUA INTERNATIONAL et Éditions Didier Hatier s.a.

Toute reproduction d'un extrait quelconque de ce livre,
par quelque procédé que ce soit et notamment par photocopie,
est strictement interdite.

ISBN 2-87088-946-1
D/2001/4555/120

Sommaire

Avant-propos..11

L'alphabet..13
L'alphabet 15
L'alphabet phonétique international 16

Les verbes 17
Le présent..19
Le présent : verbes « être » et « avoir » 19
Le présent : formation (1er, 2e et 3e groupes) 20
Le présent : quelques verbes irréguliers importants 22
Le présent : verbes pronominaux 24

Le passé composé 25
Le passé composé avec « avoir » : formation 25
Le passé composé avec « avoir » : quelques verbes irréguliers importants..27
Le passé composé avec « être » 28
Parfois « être », parfois « avoir » 30
Le passé composé : verbes pronominaux 31

Le futur simple 32
Le futur simple : formation 32
Le futur simple : verbes pronominaux................................33
Le futur simple : quelques verbes irréguliers importants....34

Verbes pronominaux : tableau récapitulatif...........................35

Quelques verbes de base au présent, au passé composé et au futur..36

Le passé récent et le futur proche 39

Le passé récent et le futur proche dans le passé 40

L'imparfait..41
L'imparfait : formation 41
Emploi du passé composé et de l'imparfait :
fait unique >< habitude 42
Emploi du passé composé et de l'imparfait :
événement >< circonstances 43
Emploi du passé composé et de l'imparfait :
succession >< simultanéité 44

Le plus-que-parfait 45
Le plus-que-parfait : formation 45
Emploi du plus-que-parfait 46
Le futur antérieur 47
Le futur antérieur : formation 47
Emploi du futur antérieur 48
Le conditionnel présent 49
Le conditionnel présent : formation 49
Emploi du conditionnel présent 50
Le conditionnel passé 52
Le conditionnel passé : formation 52
Emploi du conditionnel passé 53
Le participe présent 54
Le participe présent : formation 54
Emploi du gérondif 55
Emploi du participe présent 55
L'impératif 56
L'impératif : formation 56
Emploi de l'impératif 57
La voix active – la voix passive 58
La concordance des temps dans le discours indirect 60
Le subjonctif présent 61
Le subjonctif présent : formation 61
Verbes irréguliers (1ère série) 63
Verbes irréguliers (2e série) 64
Verbes irréguliers (3e série) 65
Emploi du subjonctif présent : la nécessité, l'obligation 67
Emploi du subjonctif présent : la volonté 68
Emploi du subjonctif présent : les sentiments 70
Emploi du subjonctif présent : l'appréciation 71
Emploi du subjonctif présent : la possibilité, le doute 72
Cas particuliers de l'emploi du subjonctif 74
Ce qui…, c'est que…, ce que…, c'est que…... 75
Le superlatif 76
Le subjonctif dans la relative 76
Le subjonctif passé 77
Le subjonctif passé : formation 77
Emploi du subjonctif passé 78
Emploi de l'indicatif ou du conditionnel 79
L'opinion et l'espoir 79
La déclaration et la certitude 80

La perception 81
La probabilité 82

Emploi de l'indicatif ou du conditionnel et du subjonctif : tableau récapitulatif 83

L'infinitif 84
Emploi de l'infinitif 84
Les prépositions et l'infinitif 85
Facile de / facile à + infinitif 89
Faire + infinitif 90
Laisser + infinitif 90

Accord verbe - sujet 91

Le passé simple 92

Expressions verbales 94
Il y a 94
C'est >< ce n'est pas 94
Il faut 94

Les questions 95

Est-ce que ? 97
Les questions avec « est-ce que ? » 98
Tableau récapitulatif : les questions 101
À qui, à quoi… est-ce que ? 102
De qui, de quoi… est-ce que ? 103
Qui est-ce qui, qu'est-ce qui ? 104
Qui est-ce que, qu'est-ce que ? 105
Place des mots dans la question avec « est-ce que » 106
Vous entendrez souvent… 107
Les questions sans « est-ce que » 108
Les questions sans « est-ce que » + pronom 110
Place des mots dans la question sans « est-ce que » 111
Lequel, laquelle, lesquels, lesquelles 112
Discours indirect 113
Réponses à une question : oui, non, si 116

Les négations 117

Ne... pas 119
Négation + le, la, les 120
Négation + un, une, des 121
Négation + du, de la, de l' 122
Ne... aucun(e) 123
Aussi >< non plus 124
Encore >< ne... plus 125
Déjà >< ne... pas encore 126
Déjà, souvent, parfois >< ne... jamais 127
Quelqu'un >< ne... personne 128
Quelque chose >< ne... rien 129
Quelque part, partout >< ne... nulle part 130
... et ..., ... ou ... >< ne... ni... ni... 131
Tableau récapitulatif 132
Ne... que = seulement 133
Les négations multiples 134

Les déterminants 137

L'article 139
    Un / le 139
    Au, aux, à la 140
    Du, de la 140
    De + quantité 141
Les déterminants possessifs 142
    Mon, ton, son 142
    Emploi de « mon, ton, son... » 142
Les déterminants démonstratifs 143
Les déterminants numéraux 144
Quelle heure est-il ? 147
    Les heures 147
    Les minutes 148

Les pronoms ... 149
Les pronoms personnels sujets ... 151
Je, tu, il… ... 151
Le pronom « on » ... 152
Les pronoms personnels compléments ... 153
Le, la, les / me, te, nous, vous ... 153
En ... 155
En… + quantité ... 156
Récapitulation : en ou le, la, les ... 158
Lui, leur / me, te, nous, vous ... 159
Y, en… ... 160
Moi, toi, nous, vous, lui, elle, eux, elles ... 161
La place du pronom dans la phrase ... 164
Dans la phrase négative ... 164
Dans la question sans « est-ce que » ... 165
Avec un infinitif ... 166
Les doubles pronoms ... 168
Les pronoms relatifs ... 170
Le pronom relatif « qui » ... 170
Le pronom relatif « que » ... 171
Le pronom relatif « où » ... 172
Le pronom relatif « dont » ... 173
Les pronoms relatifs « lequel, laquelle, lesquels, lesquelles » ... 174
Les pronoms relatifs « auquel, auxquels, auxquelles » ... 175
Les pronoms relatifs « duquel, de laquelle, desquels, desquelles » ... 176
Les pronoms relatifs : tableau récapitulatif ... 177
Les pronoms démonstratifs : celui, celle, ceux, celles ... 178
Les pronoms possessifs : le mien, le tien, sien… ... 180
Tout, toute, tous, toutes ... 181
Avec un nom de chose ou de personne ... 181
Tous - toutes ... 182
Tout ... 183

Pour exprimer ... 185
Le lieu ... 187
Les noms de pays et de villes ... 187
Cas particuliers ... 188
À / chez ... 189
Les positions ... 190
Le temps ... 191
Ne confondez pas… ... 191
Mercredi ≠ le mercredi ... 192

Depuis - pendant	193
Depuis - depuis que	195
Il y a >< dans	196
Dans ≠ en	197
En ce moment ≠ à ce moment-là	198
Avant >< après	199
Le temps : simultanéité	200
Le temps : postériorité	203
Le temps : antériorité	205

L'hypothèse 207
Si + présent + présent	207
Si + présent + futur	207
Si + imparfait + conditionnel présent	208
Si + plus-que-parfait + conditionnel passé	208
À condition que, à supposer que, à moins que (ne)	208
À condition de, à moins de	209
Au cas où, pour le cas où, dans le cas où, dans l'hypothèse où	209
Pour peu que / pour autant que	210
Remarque : si ≠ quand	211

Le but 212
Pour	212
En vue de, par peur de, par crainte de	212
Pour, afin de, dans le but de	213
De peur de, de crainte de	213
Pour que, afin que, de peur que, de crainte que	213

La cause 214
À cause de	214
En raison de, grâce à, pour, du fait de, sous prétexte de, faute de, à force de	214
Parce que	214
Comme, car	215
Puisque	216
Vu que, du fait que, d'autant plus que, si… c'est que	216
Sous prétexte de, à force de, faute de	216

La conséquence 217
Alors, donc, par conséquent, en conséquence	217
De ce fait, dès lors, c'est pourquoi, c'est pour cela que, c'est la raison pour laquelle, c'est le motif pour lequel	217
Tellement / si	218
tellement / tant	218
tellement de / tant de	218
De (telle) sorte que, si bien que	218

De façon à, de manière à 219
De façon (à ce) que, de manière (à ce) que 219
Trop (de)… pour, assez (de) … pour, suffisamment (de) … pour,
suffisant pour 220
Trop (de) … pour que, assez (de)… pour que, suffisamment (de)… pour que, suffisant pour que 221
Aussi + inversion = c'est pourquoi 221

L'opposition 222
Mais / (et) pourtant / cependant, malgré, même si / alors que 222
Bien que = quoique 223
Quel(le)(s) que soi(en)t… 223
Quoi que = quelle que soit la chose que… 224
Avoir beau 224
Pourtant, néanmoins, cependant, toutefois, quand même, tout de même .. 224
Pour autant (= pourtant) 225
Ce n'est pas parce que… que / Ce n'est pas pour cela (ça) que… 225
N'importe où, quand, comment, quoi, qui 225
Que… ou que 226
Tout + gérondif = même si, alors que 226
Or = cependant 226
Si + adjectif + que… 227
Quoi que / bien que 227

La manière 228

La comparaison 229
Avec un adjectif : plus que, moins que, aussi que 229
Avec un verbe : plus que, moins que, autant que 230
Avec un nom : plus de… que, moins de… que, autant de… que 231
« si » et « tant » dans la comparaison 232
« ne » et « le » dans la comparaison 233

Le superlatif 234
Le plus, le moins 234
Meilleur ≠ mieux 235

Les circonstances : tableaux récapitulatifs 236
La cause - L'explication 236
Le but 237
Le temps : simultanéité 238
Le temps : postériorité 239
Le temps : antériorité 240
L'oppositon 241
La conséquence 242
La condition - La supposition - L'hypothèse 243

Les expressions utiles 245

Les jours, les mois, les saisons 247
Un peu de calcul ! 249
Les fractions 249
Les mesures 249
Les pourcentages 249
Les opérations 250
Dizaine ≠ dizième 250
Le genre des noms 252
Les accents et la ponctuation 254
Savoir ≠ connaître 255
Retourner ≠ revenir 256

Avant-propos

La grammaire CERAN est un outil d'approche communicative.
Votre capacité à communiquer sera meilleure si vous comprenez mieux le fonctionnement structurel de la grammaire.
Grâce à des exemples, à des tableaux, à des illustrations, la grammaire CERAN vous aidera à déduire par vous-même les règles et à vous approprier les structures.

L'alphabet

L'alphabet

A	a	/a/
B	b	/be/
C	c	/se/
D	d	/de/
E	e	/ə/
F	f	/ɛf/
G	g	/ʒe/
H	h	/aʃ/
I	i	/i/
J	j	/ʒi/
K	k	/ka/
L	l	/ɛl/
M	m	/ɛm/
N	n	/ɛn/
O	o	/o/
P	p	/pe/
Q	q	/ky/
R	r	/ɛʀ/
S	s	/ɛs/
T	t	/te/
U	u	/y/
V	v	/ve/
W	w	/dublǝve/
X	x	/iks/
Y	y	/igrɛk/
Z	z	/zɛd/

Alphabet

L'alphabet phonétique international du français

Voyelles

[i]	Cassi, il	[ø]	deux, peu
[e]	aller, été	[œ]	leur, peur
[ɛ]	merci, père	[ə]	le, premier
[a]	Cassi, ami	[ɛ̃]	cinq, plein
[ɔ]	Bordeaux, donner	[ã]	dans, vent
[o]	Bordeaux, mot	[õ]	sont, monde
[u]	vous, nous	[œ̃]	un, lundi
[y]	rue, plus		

Semi-voyelles

[j]	fille, papier
[w]	oui, jouer
[ɥ]	lui, juin

Consonnes

[p]	parler	[v]	vous
[t]	transport	[z]	française
[k]	Cassi	[ʒ]	âge
[b]	habiter	[l]	lycée
[d]	directeur	[ʀ]	rue
[g]	garçon	[m]	mon
[f]	français	[n]	nous
[s]	sont	[ɲ]	espagnol
[ʃ]	chimie		

Les verbes

Le présent

Le présent : verbes « être » et « avoir »

	ÊTRE		AVOIR
je	*suis*	j'	*ai*
tu	*es*	tu	*as*
il / elle	*est*	il / elle	*a*
nous	*sommes*	nous	*avons*
vous	*êtes*	vous	*avez*
ils / elles	*sont*	ils / elles	*ont*

Aujourd'hui,

Le présent - formation : verbes des 1ᵉʳ, 2ᵉ et 3ᵉ groupes

Parler (verbes -er)

Aujourd'hui,

je	parl**e**
tu	parl**es**
il / elle	parl**e**
nous	parl**ons**
vous	parl**ez**
ils / elles	parl**ent**

Finir (verbes -ir/issant)

Aujourd'hui,

je	fin**is**
tu	fin**is**
il / elle	fin**it**
nous	fin**issons**
vous	fin**issez**
ils / elles	fin**issent**

comme : choisir, réfléchir, définir, remplir…

Dormir - Tenir (verbes -ir/ant)

Aujourd'hui,

je	**dors**	je	**tiens**
tu	**dors**	tu	**tiens**
il / elle	**dort**	il / elle	**tient**
nous	dorm**ons**	nous	ten**ons**
vous	dorm**ez**	vous	ten**ez**
ils / elles	dorm**ent**	ils / elles	**tiennent**

comme : sortir, sentir, ressentir, mentir…

Voir - Recevoir - Devoir (verbes -oir)

Aujourd'hui,

je	**vois**	je	**reçois**	je	**dois**
tu	**vois**	tu	**reçois**	tu	**dois**
il / elle	**voit**	il / elle	**reçoit**	il / elle	**doit**
nous	voy**ons**	nous	recev**ons**	nous	dev**ons**
vous	voy**ez**	vous	recev**ez**	vous	dev**ez**
ils / elles	**voient**	ils / elles	**reçoivent**	ils / elles	**doivent**

Vendre - Prendre - Connaître - Mettre (verbes -re)

Aujourd'hui,

je	vend**s**	je	prend**s**
tu	vend**s**	tu	prend**s**
il / elle	ven**d**	il / elle	pren**d**
nous	vend**ons**	nous	**prenons**
vous	vend**ez**	vous	**prenez**
ils / elles	vend**ent**	ils / elles	**prennent**

« vendre » comme : rendre, descendre, répondre, attendre…
« prendre » comme : apprendre, comprendre,…

Aujourd'hui,

je	connai**s**	je	met**s**
tu	connai**s**	tu	met**s**
il / elle	connaî**t**	il / elle	me**t**
nous	**connaissons**	nous	mett**ons**
vous	**connaissez**	vous	mett**ez**
ils / elles	**connaissent**	ils / elles	mett**ent**

« connaître » comme : reconnaître
« mettre » comme : remettre

Le présent : quelques verbes irréguliers importants

	ALLER		BOIRE
je	**vais**	je	**bois**
tu	**vas**	tu	**bois**
il / elle	**va**	il / elle	**boit**
nous	**allons**	nous	**buvons**
vous	**allez**	vous	**buvez**
ils / elles	**vont**	ils / elles	**boivent**

Aujourd'hui,

	DIRE		ÉCRIRE
je	**dis**	j'	**écris**
tu	**dis**	tu	**écris**
il / elle	**dit**	il / elle	**écrit**
nous	**disons**	nous	**écrivons**
vous	**dites**	vous	**écrivez**
ils / elles	**disent**	ils / elles	**écrivent**

Aujourd'hui,

	FAIRE		POUVOIR
je	**fais**	je	**peux**
tu	**fais**	tu	**peux**
il / elle	**fait**	il / elle	**peut**
nous	**faisons**	nous	**pouvons**
vous	**faites**	vous	**pouvez**
ils / elles	**font**	ils / elles	**peuvent**

Aujourd'hui,

Verbes

	VOULOIR		VOIR	
Aujourd'hui,	je	***veux***	je	***vois***
	tu	***veux***	tu	***vois***
	il / elle	***veut***	il / elle	***voit***
	nous	***voulons***	nous	***voyons***
	vous	***voulez***	vous	***voyez***
	ils / elles	***veulent***	ils / elles	***voient***

	SAVOIR	
Aujourd'hui,	je	***sais***
	tu	***sais***
	il / elle	***sait***
	nous	***savons***
	vous	***savez***
	ils / elles	***savent***

Le présent : verbes pronominaux

SE LAVER

Aujourd'hui,

je	**me**	lave
tu	**te**	laves
il / elle	**se**	lave
nous	**nous**	lavons
vous	**vous**	lavez
ils / elles	**se**	lavent

Le passé composé

Le passé composé avec « avoir » : formation

PARLER

Hier,

j'	**ai**	*parlé*
tu	**as**	*parlé*
il / elle	**a**	*parlé*
nous	**avons**	*parlé*
vous	**avez**	*parlé*
ils / elles	**ont**	*parlé*

FINIR — **DORMIR**

Hier,

j'	**ai**	*fini*	j'	**ai**	*dormi*
tu	**as**	*fini*	tu	**as**	*dormi*
il / elle	**a**	*fini*	il / elle	**a**	*dormi*
nous	**avons**	*fini*	nous	**avons**	*dormi*
vous	**avez**	*fini*	vous	**avez**	*dormi*
ils / elles	**ont**	*fini*	ils / elles	**ont**	*dormi*

	TENIR			DEVOIR		
Hier,	j'	**ai**	*tenu*	j'	**ai**	*dû*
	tu	**as**	*tenu*	tu	**as**	*dû*
	il / elle	**a**	*tenu*	il / elle	**a**	*dû*
	nous	**avons**	*tenu*	nous	**avons**	*dû*
	vous	**avez**	*tenu*	vous	**avez**	*dû*
	ils / elles	**ont**	*tenu*	ils / elles	**ont**	*dû*

	VENDRE			PRENDRE (+ apprendre et comprendre)		
Hier,	j'	**ai**	*vendu*	j'	**ai**	*pris*
	tu	**as**	*vendu*	tu	**as**	*pris*
	il / elle	**a**	*vendu*	il / elle	**a**	*pris*
	nous	**avons**	*vendu*	nous	**avons**	*pris*
	vous	**avez**	*vendu*	vous	**avez**	*pris*
	ils / elles	**ont**	*vendu*	ils / elles	**ont**	*pris*

	CONNAÎTRE			METTRE		
Hier,	j'	**ai**	*connu*	j'	**ai**	*mis*
	tu	**as**	*connu*	tu	**as**	*mis*
	il / elle	**a**	*connu*	il / elle	**a**	*mis*
	nous	**avons**	*connu*	nous	**avons**	*mis*
	vous	**avez**	*connu*	vous	**avez**	*mis*
	ils / elles	**ont**	*connu*	ils / elles	**ont**	*mis*

Le passé composé avec « avoir » : quelques verbes irréguliers importants

	ÊTRE			AVOIR		
Hier,	j'	**ai**	*été*	j'	**ai**	*eu*
	tu	**as**	*été*	tu	**as**	*eu*
	il / elle	**a**	*été*	il / elle	**a**	*eu*
	nous	**avons**	*été*	nous	**avons**	*eu*
	vous	**avez**	*été*	vous	**avez**	*eu*
	ils / elles	**ont**	*été*	ils / elles	**ont**	*eu*

Hier,

BOIRE	→	j'ai *bu*
DIRE	→	j'ai *dit*
DEVOIR	→	j'ai *dû*
ÉCRIRE	→	j'ai *écrit*
FAIRE	→	j'ai *fait*
POUVOIR	→	j'ai *pu*
SAVOIR	→	j'ai *su*
VOIR	→	j'ai *vu*
VOULOIR	→	j'ai *voulu*

Le passé composé avec « être »

14 verbes

ALLER	→	Je *suis allé* à Paris.
VENIR	→	Ils *sont venus* à pied.
ARRIVER	→	Nous *sommes arrivés* à l'heure.
PARTIR	→	Vous *êtes partis* en voiture.
NAÎTRE	→	Il *est né* en 1950.
MOURIR	→	Elle *est morte* à 101 ans.
TOMBER	→	Je *suis tombé* dans la rue.
RESTER	→	Nous *sommes restés* dix minutes avec elle.
ENTRER	→	Ils *sont entrés* dans la salle.
SORTIR	→	Ils *sont sortis* du magasin.
MONTER	→	Je *suis monté* au premier étage.
DESCENDRE	→	Elle *est descendue* au rez-de-chaussée.
PASSER	→	Je *suis passé* par Bruxelles.
RETOURNER	→	Ils *sont retournés* dans leur pays.

Remarque :

La plupart des verbes composés suivent la même règle.

Exemples :

devenir - parvenir - revenir - remonter - redescendre
rentrer - retomber

Parfois « être », parfois « avoir ».

ÊTRE	AVOIR
Je *suis entré* dans la maison.	J'*ai entré* l'armoire par la fenêtre.
Je *suis sorti* de la maison.	J'*ai sorti* la voiture du garage.
Je *suis monté* au premier étage.	J'*ai monté* mes valises dans ma chambre.
Je *suis descendu* au rez-de-chaussée.	J'*ai descendu* mes valises au rez-de-chaussée.
Je *suis retourné* chez moi.	J'*ai retourné* mes poches.
Je *suis passé* par Bruxelles.	J'*ai passé* une bonne semaine.

Le passé composé : verbes pronominaux

SE LAVER

Hier,				
	je	*me*	*suis*	*lavé(e)*
	tu	*t'*	*es*	*lavé(e)*
	il / elle	*s'*	*est*	*lavé(e)*
	nous	*nous*	*sommes*	*lavé(e)s*
	vous	*vous*	*êtes*	*lavé(e)s*
	ils / elles	*se*	*sont*	*lavé(e)s*

Les verbes avec « SE » → toujours « ÊTRE »

Le futur simple

Le futur simple : formation

	PARLER			DIRE		
Demain,	je	parle	*r ai*	je	di	*r ai*
	tu	parle	*r as*	tu	di	*r as*
	il / elle	parle	*r a*	il / elle	di	*r a*
	nous	parle	*r ons*	nous	di	*r ons*
	vous	parle	*r ez*	vous	di	*r ez*
	ils / elles	parle	*r ont*	ils / elles	di	*r ont*

Remarque :

Tous les verbes (réguliers ou irréguliers) ont toujours les mêmes terminaisons.

- RAI
- RAS
- RA
- RONS
- REZ
- RONT

Le futur simple : verbes pronominaux

SE LAVER

Demain,					
	je	*me*	lave	*r*	*ai*
	tu	*te*	lave	*r*	*as*
	il / elle	*se*	lave	*r*	*a*
	nous	*nous*	lave	*r*	*ons*
	vous	*vous*	lave	*r*	*ez*
	ils / elles	*se*	lave	*r*	*ont*

Le futur simple : quelques verbes irréguliers importants

Demain,

ACCUEILLIR	→	j'*accueillerai*
ALLER	→	j'*irai*
AVOIR	→	j'*aurai*
COURIR	→	je *courrai*
DEVOIR	→	je *devrai*
ENVOYER	→	j'*enverrai*
ÊTRE	→	je *serai*
FALLOIR	→	il *faudra*
FAIRE	→	je *ferai*
MOURIR	→	je *mourrai*
POUVOIR	→	je *pourrai*
RECEVOIR	→	je *recevrai*
SAVOIR	→	je *saurai*
VENIR	→	je *viendrai*
VOIR	→	je *verrai*
VOULOIR	→	je *voudrai*

Verbes pronominaux : récapitulatif

HIER			AUJOURD'HUI			DEMAIN		
Je	me suis	lavé(e)	Je	me	lave	Je	me	laverai
Tu	t' es	lavé(e)	Tu	te	laves	Tu	te	laveras
Il / Elle	s' est	lavé(e)	Il / Elle	se	lave	Il / Elle	se	lavera
Nous	nous sommes	lavé(e)s	Nous	nous	lavons	Nous	nous	laverons
Vous	vous êtes	lavé(e)s	Vous	vous	lavez	Vous	vous	laverez
Ils / Elles	se sont	lavé(e)s	Ils / Elles	se	lavent	Ils / Elles	se	laveront

Verbes

Quelques verbes de base au présent, au passé composé et au futur

Infinitif	Présent : « Je »	Présent : « Nous »	Passé composé	Futur irrégulier
ACCUEILLIR	j'accueille	nous accueillons	j'ai accueilli	j'accueillerai
ALLER	je vais	nous allons	je suis allé	j'irai
APPARTENIR	j'appartiens	nous appartenons	j'ai appartenu	j'appartiendrai
APPELER	j'appelle	nous appelons	j'ai appelé	—
APPRENDRE	j'apprends	nous apprenons	j'ai appris	—
S'ASSEOIR	je m'assieds / je m'assois	nous nous asseyons	je suis assis	je m'assiérai / je m'assoirai
ATTENDRE	j'attends	nous attendons	j'ai attendu	—
AVOIR	j'ai	nous avons	j'ai eu	j'aurai
BOIRE	je bois	nous buvons	j'ai bu	—
CHOISIR	je choisis	nous choisissons	j'ai choisi	—
COMPRENDRE	je comprends	nous comprenons	j'ai compris	—
CONNAÎTRE	je connais	nous connaissons	j'ai connu	—
COURIR	je cours	nous courons	j'ai couru	je courrai
CROIRE	je crois	nous croyons	j'ai cru	—
DESCENDRE	je descends	nous descendons	j'ai descendu	—
DEVENIR	je deviens	nous devenons	je suis devenu	je deviendrai
DEVOIR	je dois	nous devons	j'ai dû	je devrai
DIRE	je dis	nous disons	j'ai dit	—
DORMIR	je dors	nous dormons	j'ai dormi	—

Verbes

Infinitif	Présent : « Je »	Présent : « Nous »	Passé composé	Futur irrégulier
ÉCRIRE	j'écris	nous écrivons	j'ai écrit	—
ENTENDRE	j'entends	nous entendons	j'ai entendu	—
ENVOYER	j'envoie	nous envoyons	j'ai envoyé	j'enverrai
ESSAYER	j'essaye / j'essaie	nous essayons	j'ai essayé	—
ETRE	je suis	nous sommes	j'ai été	je serai
FAIRE	je fais	nous faisons	j'ai fait	je ferai
FALLOIR	il faut	—	il a fallu	il faudra
FINIR	je finis	nous finissons	j'ai fini	—
SE LAVER	je me lave	nous nous lavons	je me suis lavé	—
LIRE	je lis	nous lisons	j'ai lu	—
METTRE	je mets	nous mettons	j'ai mis	—
MOURIR	je meurs	nous mourons	je suis mort	je mourrai
OBTENIR	j'obtiens	nous obtenons	j'ai obtenu	j'obtiendrai
OFFRIR	j'offre	nous offrons	j'ai offert	—
OUVRIR	j'ouvre	nous ouvrons	j'ai ouvert	—
PARLER	je parle	nous parlons	j'ai parlé	—
PARTIR	je pars	nous partons	je suis parti	—
PERDRE	je perds	nous perdons	j'ai perdu	—
PLAIRE	je plais	nous plaisons	j'ai plu	—

Verbes

Infinitif	Présent : « Je »	Présent : « Nous »	Passé composé	Futur irrégulier
PLEUVOIR	il pleut	—	il a plu	il pleuvra
POUVOIR	je peux	nous pouvons	j'ai pu	je pourrai
PRENDRE	je prends	nous prenons	j'ai pris	—
PREVOIR	je prévois	nous prévoyons	j'ai prévu	—
RECEVOIR	je reçois	nous recevons	j'ai reçu	je recevrai
REMPLIR	je remplis	nous remplissons	j'ai rempli	—
REVOIR	je revois	nous revoyons	j'ai revu	je reverrai
RIRE	je ris	nous rions	j'ai ri	—
SAVOIR	je sais	nous savons	j'ai su	je saurai
SORTIR	je sors	nous sortons	je suis sorti	—
TENIR	je tiens	nous tenons	j'ai tenu	je tiendrai
VENDRE	je vends	nous vendons	j'ai vendu	—
VENIR	je viens	nous venons	je suis venu	je viendrai
VIVRE	je vis	nous vivons	j'ai vécu	—
VOIR	je vois	nous voyons	j'ai vu	je verrai
VOULOIR	je veux	nous voulons	j'ai voulu	je voudrai

Le passé récent et le futur proche

Passé

PASSÉ — Hier, il a travaillé

Présent

PASSÉ RÉCENT — **Il vient de travailler** (il y a peu de temps)

VENIR DE + INFINITIF

Passé récent

PRÉSENT — Aujourd'hui, il travaille

FUTUR PROCHE — **Il va travailler** (dans quelques instants)

ALLER + INFINITIF

Futur proche

Futur

FUTUR — Demain, il travaillera

Le passé récent et le futur proche dans le passé

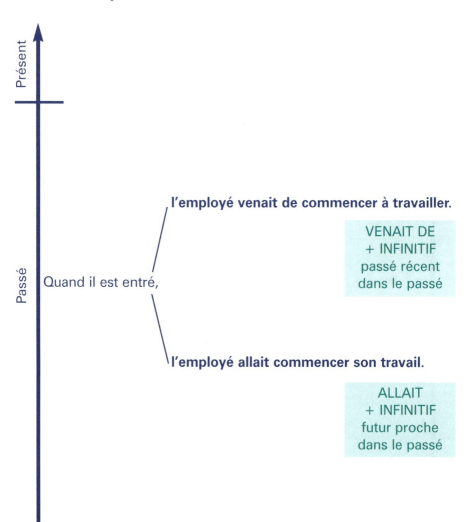

L'imparfait

L'imparfait : formation

Nous parl - ons →

je	parl - *ais*
tu	parl - *ais*
il / elle	parl - *ait*
nous	parl - *ions*
vous	parl - *iez*
ils / elles	parl - *aient*

Tous les verbes (réguliers ou irréguliers) ont **toujours** les mêmes terminaisons :

- AIS
- AIS
- AIT
- IONS
- IEZ
- AIENT

Sauf le verbe « être » :

nous sommes →

j'	*étais*
tu	*étais*
il / elle	*était*
nous	*étions*
vous	*étiez*
ils / elles	*étaient*

Emploi du passé composé et de l'imparfait : fait unique >< habitude

Samedi dernier,
Hier, | j'*ai joué* au tennis. → **PASSÉ COMPOSÉ** MOMENT PRÉCIS - FAIT UNIQUE DANS LE PASSÉ

Souvent, le samedi,
En général, le samedi,
D'habitude, le samedi,
Chaque année, le samedi, | je *jouais* au tennis. → **IMPARFAIT** HABITUDE - RÉPÉTITION DANS LE PASSÉ

Emploi du passé composé et de l'imparfait : événement >< circonstances

L'avion *a atterri*. → **PASSÉ COMPOSÉ**
ÉVÉNEMENT - ACTION DANS LE PASSÉ

Il *était* neuf heures.
Il *faisait* beau. → **IMPARFAIT**
Il ne *pleuvait* pas. CIRCONSTANCES - DESCRIPTION DANS LE PASSÉ

Emploi du passé composé et de l'imparfait : succession >< simultanéité

Ils **ont pris** l'apéritif

et ensuite ils **sont passés** à table.

→ **PASSÉ COMPOSÉ**
ACTIONS
SUCCESSIVES

Ils **ont fait** la connaissance des Pottin,

pendant qu'ils **prenaient** l'apéritif.

→ **PASSÉ COMPOSÉ
+ IMPARFAIT**
ACTIONS
SIMULTANÉES

Le plus-que-parfait

Le plus-que-parfait : formation

	AVOIR			ÊTRE	
j'	**avais**	parlé	j'	**étais**	venu(e)
tu	**avais**	fini	tu	**étais**	parti(e)
il / elle	**avait**	compris	il / elle	s'**était**	informé(e)
nous	**avions**	bu	nous	**étions**	tombé(e)s
vous	**aviez**	reçu	vous	vous **étiez**	promené(e)s
ils / elles	**avaient**	voulu	ils / elles	**étaient**	sorti(e)s

« AVOIR » ou « ÊTRE » à l'IMPARFAIT + PARTICIPE PASSÉ

Emploi du plus-que-parfait

- Nous **avions fini** les travaux quand Philippe est arrivé.

ACTION PASSÉE AVANT UNE AUTRE ACTION PASSÉE.

Le futur antérieur

Le futur antérieur : formation

	AVOIR			ÊTRE	
j'	**aurai**	parlé	je	**serai**	venu(e)
tu	**auras**	fini	tu	**seras**	parti(e)
il / elle	**aura**	compris	il / elle	se **sera**	informé(e)
nous	**aurons**	bu	nous	**serons**	tombé(e)s
vous	**aurez**	reçu	vous	vous **serez**	promené(e)s
ils / elles	**auront**	voulu	ils / elles	**seront**	sortis

« AVOIR » ou « ÊTRE » au FUTUR + PARTICIPE PASSÉ

Verbes

Emploi du futur antérieur

Futur

Rencontre avec des clients
Fin du travail
Résolution de ses problèmes

Retour de Philippe

Philippe reviendra	quand il ***aura rencontré*** ses clients.

après qu'il ***aura fini*** son travail.

dès qu'il ***aura résolu*** ses problèmes.

ACTION FUTURE **AVANT** UNE AUTRE ACTION FUTURE
↓ ↓
FUTUR ANTÉRIEUR ⟷ FUTUR SIMPLE

Le conditionnel présent

Le conditionnel présent : formation

	PARLER				DIRE		
je	parle	r	ais	je	di	r	ais
tu	parle	r	ais	tu	di	r	ais
il / elle	parle	r	ait	il / elle	di	r	ait
nous	parle	r	ions	nous	di	r	ions
vous	parle	r	iez	vous	di	r	iez
ils / elles	parle	r	aient	ils / elles	di	r	aient

Remarques :

Le conditionnel présent se forme sur le radical du futur

Tous les verbes (réguliers ou irréguliers) ont toujours les mêmes terminaisons :

- RAIS
- RAIS
- RAIT
- RIONS
- RIEZ
- RAIENT

Emploi du conditionnel présent

POUR DEMANDER POLIMENT QUELQUE CHOSE

Exemples :

- ***Pourriez**-vous me passer le pain, s'il vous plaît ?*
- *Je **voudrais** savoir quand Philippe reviendra.*
- *J'**aimerais** parler à madame Cassi.*

POUR EXPRIMER UNE ÉVENTUALITÉ, UNE SUPPOSITION

Exemples :

- Isabelle viendra peut-être. Avec Isabelle, Sophie ne ***s'ennuierait*** pas.
- Dans ce cas, elles ***iraient*** en ville et le soir, elles ***sortiraient***.

POUR MARQUER UNE ATTÉNUATION DE L'AFFIRMATION

Exemples :

- Ce **serait** bien que vous ayez fini ce travail à 5 heures.
- Il **accepterait** à certaines conditions.
- Cela ne le **dérangerait** pas que vous ouvriez la fenêtre.

POUR EXPRIMER L'HYPOTHÈSE

Exemple :

- À ta place, j'**accepterais** la proposition.

Le conditionnel passé

Le conditionnel passé : formation

PARLER		PARTIR	
je	*aurais* parlé	je	*serais* parti(e)
tu	*aurais* parlé	tu	*serais* parti(e)
il / elle	*aurait* parlé	il / elle	*serait* parti(e)
nous	*aurions* parlé	nous	*serions* parti(e)s
vous	*auriez* parlé	vous	*seriez* parti(e)s
ils / elles	*auraient* parlé	ils / elles	*seraient* parti(e)s

« ÊTRE » OU « AVOIR » AU CONDITIONNEL PRÉSENT
+ PARTICIPE PASSÉ DU VERBE

Emploi du conditionnel passé

POUR EXPRIMER L'HYPOTHÈSE IRRÉELLE

Exemple :

- À ta place, je n'*aurais* pas *hésité*.

POUR EXPRIMER LE REGRET

Exemple :

- J'*aurais voulu* le rencontrer.

POUR EXPRIMER LE REPROCHE

Exemple :

- Tu *aurais dû* m'en parler.

Le participe présent

Le participe présent : formation

Nous parl - ons → **PARL - ANT**

Même formation pour **tous** les verbes

    sauf « être » → étant
         « **avoir** » → ayant
         « **savoir** » → sachant

Emploi du gérondif

Comment terminaient-ils la soirée ?

→ **en allant** danser dans une discothèque.

Quand se sont-ils rencontrés ?

→ **en prenant** l'apéritif.

Emploi du participe présent

Je l'ai surpris **regardant** la télévision en cachette.

= qui regardait la télévision en cachette

L'impératif

L'impératif : formation

Comme le présent

*Parle**	-	*Parlons*	-	*Parlez*
Finis	-	*Finissons*	-	*Finissez*
Dis	-	*Disons*	-	*Dites*
Fais	-	*Faisons*	-	*Faites*
Va	-	*Allons*	-	*Allez*

sauf « être » → Sois - Soyons - Soyez
« avoir » → Aie - Ayons - Ayez
« savoir » → Sache - Sachons - Sachez

* *Remarque :*

à la 2e personne du singulier, pas de « s » pour les verbes en « –er ».

Emploi de l'impératif

POUR DONNER UN ORDRE OU UN CONSEIL

Exemples :

- **Courons** ! Nous allons être en retard.
- Ne vous **inquiétez** pas !

POUR DEMANDER QUELQUE CHOSE

Exemple :

- **Passez**-moi monsieur Cassi, s'il vous plaît.

La voix active - La voix passive

Au présent

Voix active : Le tableau *impressionne* Philippe.

Voix passive : Philippe *est impressionné* par le tableau.

ATTENTION !

On a félicité le peintre.

Le peintre a été félicité.

Au passé composé

Voix active :

La police *a interrogé* les chauffeurs.

Voix passive :

Les chauffeurs *ont été interrogés* par la police.

Au futur simple

Voix active :

  Philippe **félicitera** le peintre.

Voix passive :

  Le peintre **sera félicité** par Philippe.

VOIX PASSIVE → « ÊTRE » AU TEMPS DU VERBE DE LA PHRASE ACTIVE + PARTICIPE PASSÉ (+ PAR)

Verbes

La concordance des temps dans le discours indirect

Aujourd'hui,					
JE DIS QUE	Philippe **a travaillé**	Philippe **vient de travailler**	Philippe **travaille**	Philippe **va travailler**	Philippe **travaillera**
Hier,					
J'AI DIT QUE JE DISAIS QUE	Philippe **avait travaillé**	Philippe **venait de travailler**	Philippe **travaillait**	Philippe **allait travailler**	Philippe **travaillerait**

Pour exprimer un futur en concordance avec un temps du passé, on utilise le « futur du passé », qui a la même forme que le conditionnel.

Exemples : Il **se doutait** que ce ne **serait** pas de tout repos.
Il **avait dit** qu'il **partirait** à la fin de l'année.
Il **a** toujours **su** qu'il **réussirait**.

60

Le subjonctif présent

Le subjonctif présent : formation

Règle générale

	Exemple : PRENDRE
INDICATIF PRÉSENT	SUBJONCTIF PRÉSENT
ils prenn**ent** →	Il faut que je prenn**e** que tu prenn**es** qu'il prenn**e** qu'elle prenn**e** qu'ils prenn**ent** qu'elles prenn**ent**

INDICATIF IMPARFAIT	SUBJONCTIF PRÉSENT
nous pren*ions* →	Il faut que nous pren*ions* que vous pren*iez*

Exemple : AGIR

INDICATIF PRÉSENT	SUBJONCTIF PRÉSENT
ils agiss**ent** →	Il faut que j'agiss**e** que tu agiss**es** qu'il agiss**e** qu'elle agiss**e** qu'ils agiss**ent** qu'elles agiss**ent**

INDICATIF IMPARFAIT	SUBJONCTIF PRÉSENT
nous agiss**ions** →	Il faut que nous agiss**ions** que vous agiss**iez**

Verbes irréguliers (première série)

ÊTRE

Il faut que je *sois*
 que tu *sois*
 qu'il *soit*
 qu'elle *soit*
 que nous *soyons*
 que vous *soyez*
 qu'ils *soient*
 qu'elles *soient*

AVOIR

Il faut que j'**aie**
 que tu **aies**
 qu'il **ait**
 qu'elle **ait**
 que nous **ayons**
 que vous **ayez**
 qu'ils **aient**
 qu'elles **aient**

Verbes irréguliers (deuxième série)

FAIRE

Il faut que je *fasse*
que tu *fasses*
qu'il *fasse*
qu'elle *fasse*
que nous *fassions*
que vous *fassiez*
qu'ils *fassent*
qu'elles *fassent*

SAVOIR

Il faut que je *sache*
que tu *saches*
qu'il *sache*
qu'elle *sache*
que nous *sachions*
que vous *sachiez*
qu'ils *sachent*
qu'elles *sachent*

POUVOIR

Il faut que je *puisse*
que tu *puisses*
qu'il *puisse*
qu'elle *puisse*
que nous *puissions*
que vous *puissiez*
qu'ils *puissent*
qu'elles *puissent*

Verbes irréguliers (troisième série)

VOULOIR

Il faut que je **veuille**
que tu **veuilles**
qu'il **veuille**
qu'elle **veuille**
que nous voulions
que vous vouliez
qu'ils **veuillent**
qu'elles **veuillent**

ALLER

Il faut que j'**aille**
que tu **ailles**
qu'il **aille**
qu'elle **aille**
que nous allions
que vous alliez
qu'ils **aillent**
qu'elles **aillent**

VALOIR

Il faut que je **vaille**
que tu **vailles**
qu'il **vaille**
qu'elle **vaille**
que nous valions
que vous valiez
qu'ils **vaillent**
qu'elles **vaillent**

FALLOIR

De peur qu'il **faille**

Remarque :

Pour tous les verbes, réguliers ou irréguliers, quatre formes se prononcent toujours de la même manière : je-tu-il-ils

Exemples :

Il faut que	j'aie	je voie
	tu aies	tu voies
	il ait	il voit
	ils aient	ils voient

- Notwendigkeit
- Wille
- Wunsch
- Erwartung
- Annahme
- Verweigerung
- Verhinderung
- Gefühl
- Möglichkeit
- Unmöglichkeit
- Zweifel

} que + subjonctif

- reale Sache
- sicher
- positiv

} l'indicatif

espérer → l'indicatif / futur

Emploi du subjonctif présent : la nécessité, l'obligation

LES VERBES ET EXPRESSIONS DE NÉCESSITÉ

(Ausdrücke Notwendigkeit)

Il faut - il importe Il est nécessaire Il est important Il est essentiel Il est primordial Il est capital Il suffit Il importe Il est temps Il est urgent etc.	***que + subjonctif***

Exemples :

- ***Il faut qu'***un patron ***agisse*** vite.
- ***Il est nécessaire que*** nous ***ayons*** confiance.
- ***Il*** n'***est*** pas ***essentiel que*** nous ***venions*** demain.
- ***Il suffit que*** je ***connaisse*** les règles.
- ***Il était temps que*** je le ***fasse***.
- ***Je trouve urgent que*** tu le ***saches***.

Emploi du subjonctif présent : la volonté

LES VERBES DE VOLONTÉ - DÉSIR – SOUHAIT - ATTENTE

(Wille   Wunsch   Erwartung)

Vouloir	
Désirer	
Attendre	
Souhaiter	
Demander	***que + subjonctif***
Exiger	
Veiller à ce	
Tenir à ce	
S'attendre à ce	
etc.	

Exemples :

- Je **désire** qu'un spécialiste **fasse** une étude.
- Il **a veillé à ce** que tout **soit** prêt.
- Il **tient à ce** que nous **soyons** informés.

Remarques :

demander si...   =   question   →   pas de subjonctif

Il ***a demandé si*** vous ***étiez*** prêts.

demander que ...   =   volonté   →   subjonctif

Il ***a demandé que*** vous ***soyez*** prêts.

LES VERBES D'ACCEPTATION - REFUS - EMPÊCHEMENT

Annahme Verweigerung Verhinderung

Bien vouloir
Accepter
Permettre
Refuser   *que + subjonctif*
Empêcher
Éviter (ne)
S'opposer à ce

Exemples :

- Ils **acceptent** que leur maison **soit** hypothéquée.
- Rien **n'empêche** que l'on **aille** de l'avant.
- Je **propose** que nous **allions** au théâtre.
- Il **s'oppose à ce** que nous **sachions** la vérité.
- Comment **éviter** qu'il (ne) **s'en aille** ?

Emploi du subjonctif présent : les sentiments

LES VERBES QUI MARQUENT UN SENTIMENT

Je suis	content	
	heureux	
	triste	
	désolé	
	étonné, surpris	
	ravi	
	satisfait	
Je trouve	étonnant	***que + subjonctif***
	surprenant	
Je regrette		
Je me réjouis		
J'apprécie que		
J'aime mieux		
Je préfère		
Je crains…(ne)		

Exemples :

- Je **suis ravi** que vous **soyez** là.
- Il **regrette** que je **m'en aille**.
- Nous **préférons** que vous **restiez** ici.
- Je **trouve surprenant** qu'il **soit** déjà 5 heures.
- Je **crains** qu'il (ne) **soit** trop tard.

Emploi du subjonctif présent : l'appréciation

LES VERBES QUI MARQUENT UNE APPRÉCIATION

Il est	normal	
	naturel	
	logique	
	compréhensible	*que + subjonctif*
	urgent	
	temps	
	rare	
	fréquent	
	habituel	
Je trouve…		
Je juge…		
J'estime…		
etc.		

Exemples :

- Vous **trouvez normal** que je **fasse** ce travail ?
- Ca vous **dérange** que je **parte** maintenant ?
- Il **est utile** que nous **sachions** faire cet exercice.

Emploi du subjonctif présent : la possibilité, le doute

LES EXPRESSIONS QUI MARQUENT LA POSSIBILITÉ,
LE DOUTE, L'IMPOSSIBILITÉ

Il est possible	
impossible	
exclu	
douteux…	*que* + *subjonctif*
Il y a moyen	
Il se peut	
Il semble	
Il semblerait	
Il se pourrait	
Il arrive	
Douter	

Exemples :

- Il **est possible qu**'il **faille** revenir demain.
- Je **doute** qu'il **puisse** accomplir cette tâche.
- Il est **peu probable** que je **puisse** venir.
- Il **se peut** qu'il **vienne**.

ATTENTION !

douter que
+
subjonctif

se douter que
+
indicatif ou conditionnel

il semble que
+
subjonctif

il me semble que
il semble bien que
+
indicatif

Exemples :

- Il *doute* que je *puisse* venir.
- Je *me doutais* qu'il *viendrait*.
- Il *semble* qu'il *veuille* discuter.
- Il *me semble* qu'il *veut* discuter.
- Il *semble bien* qu'il *veut* discuter.

Cas particuliers de l'emploi du subjonctif

Je ne pense pas
Je ne crois pas
Je ne suis pas sûr *que + subjonctif*
Il n'est pas probable
Il est peu probable

Pensez-vous ?
Croyez-vous ?
Êtes-vous sûr ? *que + subjonctif*
Est-il certain ?
Est-il probable ?

Les verbes et expressions d'**opinion**, d'**espoir**, de **certitude** et de **probabilité** utilisés au présent à la forme interrogative ou négative (ou ayant un sens négatif) peuvent demander le subjonctif.

Exemples :

- Je pense qu'il est facile de créer une entreprise.
  Je *ne* pense *pas* qu'il *soit* facile de créer une entreprise.

- J'espère qu'il parviendra à faire fortune.
  Espérez-vous qu'il *parvienne* à faire fortune ?

– Je suis certain qu'il fait son travail tous les jours.
  Je **ne** suis **pas** certain qu'il **fasse** son travail tous les jours.

– Il est probable qu'il s'en sortira.
  Il est **peu** probable qu'il s'en **sorte**.

Ce qui..., c'est que... et ce que..., c'est que...

Ce qui est | dommage,
étonnant,
important,   **c'est que** + subjonctif
rare,
...

Ce qui est | évident,
clair,
sûr,   **c'est que** + indicatif
certain,
...

Ce que je trouve | dommage, étonnant, important, rare, ... | c'est que + subjonctif

Ce que je trouve | évident, clair, sûr, certain, ... | c'est que + indicatif

Exemples :
- *Ce qui* est *essentiel*, *c'est qu*'il *réussisse*.
- *Ce qui* est *certain*, *c'est qu*'il *fait* son travail tous les jours.
- *Ce que* je trouve *normal*, *c'est qu*'il *fasse* son travail tous les jours.

Le superlatif

Exemples :
- C'est *le meilleur* auteur que je *connaisse*.
- C'est *la seule* solution qui soit *envisageable*.

Le subjonctif dans la relative

Exemple :
- Je cherche quelqu'un qui *puisse* m'aider.

Le subjonctif passé

Le subjonctif passé : formation

> **être**
> ou   **au subjonctif + participe passé**
> **avoir**

Exemples :

- Il est **content** que ***j'aie fini***.
- Je **me réjouis** que tu ***sois venu***.
- C'est **dommage** qu'il / elle ***ait fait*** cela.
- Il est **heureux** que nous ***soyons partis***.
- Je **m'étonne** que vous ***soyez venus***.
- Je **suis satisfait** qu'ils / elles ***aient pu*** le faire.

Emploi du subjonctif passé

| ÊTRE | surpris
malheureux
content
mécontent
désolé
etc. | *que + subjonctif passé* |

s'étonner
se réjouir
c'est dommage
aimer - préférer
aimer mieux   *que + subjonctif passé*
avoir peur
craindre
redouter
etc.

LE SUBJONCTIF PASSÉ SE RÉFÈRE À UNE ACTION TERMINÉE.

Emploi de l'indicatif ou du conditionnel

L'opinion et l'espoir

LES VERBES ET EXPRESSIONS D'OPINION ET D'ESPOIR

penser
croire
estimer
trouver   *que + indicatif ou conditionnel*
avoir l'impression
espérer
etc.

Exemples :

- Je *pense* qu'il *agit* vite.
- Je *crois* que nous *avons* confiance.
- J'*espère* que vous *viendrez* demain.
- J'*ai l'impression* qu'il *pourrait* travailler plus.
- Il *me semble* que vous vous *trompez*.

La déclaration et la certitude

LES VERBES DE DÉCLARATION ET DE CERTITUDE

dire, promettre		
déclarer, affirmer		
savoir		
être	sûr	
	certain	
	convaincu	*que* + *indicatif ou conditionnel*
	persuadé	
il est	clair	
	évident	
	indéniable	
	indubitable	
etc.		

Exemples :

- Il *a dit* qu'il *comprenait* le besoin des patrons.
- Il *est certain* qu'une étude *apporterait* des améliorations.
- Il *sait* qu'il *proposera* une étude.

La perception

LES VERBES DE PERCEPTION	
voir	
constater	
s'apercevoir	
apprendre	***que* + *indicatif ou conditionnel***
se rendre compte	
remarquer…	
etc.	

Exemples :

- Il **se rend compte** qu'il **faut** beaucoup d'argent.
- La banque **constate** que le projet **est** excellent.

La probabilité

LES VERBES DE PROBABILITÉ	
il est probable il est vraisemblable je me doute il semble bien etc.	*que* + *indicatif ou conditionnel*

Exemples :

- Il **se doute** qu'il **faut** beaucoup d'argent.
- Il **est probable** que je **viendrai** ce soir.

Emploi de l'indicatif ou du conditionnel et du subjonctif : tableau récapitulatif

SUBJONCTIF	INDICATIF OU CONDITIONNEL
– nécessité	– opinion - espoir
– volonté - désir - souhait	– certitude
– possibilité - doute	– déclaration
– sentiments	– perception
– appréciation	– probabilité

L'infinitif

Emploi de l'infinitif

Après qu'*il* a travaillé, *il* est déçu.

      même personne

Après avoir travaillé, il est déçu.

Pour qu'*un patron* crée une société, *un patron* doit aimer les risques.

      même personne

Pour créer une société, un patron doit aimer les risques.

Vous pouvez essayer sans que **vous** soyez certain de réussir.

      même personne

Vous pouvez essayer *sans être* certain de réussir.

Les prépositions et l'infinitif

Verbes + infinitif

aimer mieux	pouvoir
désirer	préférer
détester	savoir
devoir	souhaiter
espérer	vouloir
oser	il faut
penser	il vaut mieux

Exemples :

- Je désire **partir** à 5 heures.
- Il a osé **parler**.
- Il vaut mieux **se renseigner**.

Verbes + *de* + infinitif

accepter	refuser
arrêter	regretter
décider	se souvenir
essayer	tenter
finir	féliciter quelqu'un
oublier	conseiller à quelqu'un

Exemples :

- Il a décidé **de partir**.
- Je lui ai conseillé **de rester**.
- Il a promis **de réfléchir**.

Verbes + *à* + infinitif

apprendre parvenir
arriver réussir
s'attendre aider quelqu'un
chercher encourager quelqu'un
commencer inviter quelqu'un
hésiter

Exemples :
- Il est arrivé *à me convaincre*.
- J'hésite *à le suivre*.
- Je vous invite *à me suivre*.

Remarque :
continuer *à* ou continuer *de*

À quelqu'un *de* faire quelque chose

Proposition
conseiller | *à* quelqu'un *de* faire quelque chose
proposer
recommander
suggérer
promettre

Ordre
demander | *à* quelqu'un *de* faire quelque chose
commander
crier
dire
écrire

Permission
permettre | *à* quelqu'un *de* faire quelque chose
défendre
interdire

Jugement
reprocher | *à* quelqu'un *de* faire quelque chose
pardonner

Quelqu'un *de* faire quelque chose

Prière
supplier | quelqu'un *de* faire quelque chose
prier
implorer

Jugement
remercier | quelqu'un *de* faire quelque chose
féciliter
blâmer
accuser
suspecter

Quelqu'un *à* faire quelque chose

Proposition
encourager | quelqu'un *à* faire quelque chose
entraîner
inviter
(exhorter, engager, convier, déterminer, décider, inciter)

Ordre
forcer | quelqu'un *à* faire quelque chose (ou de)
contraindre | (ou de)
obliger | (ou de)
condamner |
mais : charger quelqu'un *de* faire quelque chose
menacer quelqu'un *de* faire quelque chose

Verbes

Permission
autoriser quelqu'un ***à*** faire quelque chose
Rem. empêcher | quelqu'un ***de*** faire quelque chose
      dispenser |

À quelqu'un *à* faire quelque chose

Enseignement
apprendre | ***à*** quelqu'un ***à*** faire quelque chose
enseigner |

Facile de / facile à + infinitif

FACILE À + INFINITIF SEUL | **FACILE DE + INFINITIF + COMPLÉMENT**

Ces exercices sont faciles *à* faire.

Il / C' est facile *de* faire ***ces exercices***.

Ce travail est amusant *à* faire.

Il / C' est amusant *de* faire ***ce travail***.

Ces problèmes sont impossibles *à* résoudre.

Il / C' est impossible *de* résoudre ***ces problèmes***.

Cette pièce de théâtre est agréable *à* regarder.

Il / C' est agréable *de* regarder ***cette pièce de théâtre***.

Verbes

Faire + infinitif = demander de (obliger à)

Exemples :

– C'est l'alarme qui a **fait fuir** le gangster. (forcer)

– C'est le gangster qui a **fait obéir** les employés. (obliger)

– C'est Philippe qui a **fait venir** la police. (demander)

Laisser + infinitif = permettre, autoriser,...

Exemples :

– Il **laisse partir** les étudiants.

– Il **laisse passer** les voitures avant de traverser.

– **Laissez**-le **partir** !

Accord verbe – sujet

– C'est *moi* qui *suis* directeur.

– C'est *toi* qui te *promenais* hier soir.

– C'est | *elle* qui *a fait* cela.
      | *lui*

– C'est *nous* qui *sommes allés* au théâtre.

– Ce n'est pas *vous* qui *vous êtes trompés*.

– Ce sont | *elles* qui *partiront* demain.
  (C'est) | *eux*

Le passé simple

Travailler → il *travailla*
ils *travaillèrent*

Finir → il *finit*
ils *finirent*

Apercevoir → il *aperçut*
ils *aperçurent*

Prendre → il *prit*
ils *prirent*

Faire → il *fit*
ils *firent*

Être	→	il *fut* ils *furent*
Avoir	→	il *eut* ils *eurent*
Travailler	→	il *travailla* ils *travaillèrent*
Savoir	→	il *sut* ils *surent*

LE PASSÉ SIMPLE EST UTILISÉ UNIQUEMENT
DANS LA LANGUE ÉCRITE :
C'EST LE TEMPS DE LA NARRATION AU PASSÉ.
EN LANGUE ORALE, IL EST REMPLACÉ
PAR LE PASSÉ COMPOSÉ.

Expressions verbales

Il y a

Exemples :

- *Il y a* un livre sur la table.
- *Il y a* du beurre dans le frigidaire.
- *Il y a* des gens dans la rue.

C'est >< ce n'est pas

Exemples :

- ***C'est*** bon.   >< ***Ce n'est pas*** bon.
- ***C'est*** une bonne idée.   >< ***Ce n'est pas*** une bonne idée.

Il faut

Il faut + infinitif   =   Il est nécessaire de + infinitif

Exemples :

- Il est nécessaire de partir.   =   ***Il faut*** partir.
- Il est nécessaire de travailler.   =   ***Il faut*** travailler.

Les questions

Est-ce que ?

Il est directeur.

Il est directeur ?

Oui, il est directeur.

*Est-ce qu'*il est directeur ?

Les questions avec « est-ce que ? »

Monsieur Cassi est directeur.

| **Qui (est-ce qui)** est directeur ? | **Monsieur Cassi.** |

Ils ont acheté **une villa**.

| **Qu'est-ce que** les Cassi ont acheté ? | **Une villa.** |

Il travaille **à Paris**.

| **Où est-ce que** vous travaillez ? | **À Paris.** |

Il vient **de Paris**.

| **D'où est-ce que** vous venez ? | **De Paris.** |

Questions

Ils partent *demain*.

> *Quand est-ce qu*'ils partent ?   *Demain.*

Ils voyagent *en voiture*.

> *Comment est-ce qu*'ils voyagent ?   *En voiture.*

Il joue au tennis *parce qu'il aime ce sport*.

> *Pourquoi est-ce qu*'il joue au tennis ? *Parce qu'il aime ce sport.*

Il lira **trois rapports**.

> *Combien de* rapports *est-ce qu*'il lira ?   *Trois.*

Il a travaillé **deux heures**.

> *Combien de temps est-ce qu*'il a travaillé ? *Deux heures.*

Je parle *le français et l'anglais.*

Quelles langues **est-ce que** vous parlez ?

Il va souvent *dans les pays d'Europe centrale.*

Dans **quels** pays **est-ce qu'**il va souvent ?

Tableau récapitulatif : les questions

	ANGLAIS	ALLEMAND	NÉERLANDAIS	ESPAGNOL	ITALIEN
Est-ce que... ?					
Qui (est-ce qui)... ?	Who ?	Wer ?	Wie ?	¿ Quién ?	Chi ?
Où est-ce que... ?	Where ?	Wo ?	Waar ?	¿ Dónde ?	Dove ?
Qu'est-ce que... ?	What ?	Was ?	Wat ?	¿ Qué ?	Che cosa ?
Quand est-ce que ... ?	When ?	Wann ?	Wanneer ?	¿ Cuándo ?	Quando ?
Comment est-ce que... ?	How ?	Wie ?	Hoe ?	¿ Cómo ?	Come ?
Pourquoi est-ce que... ?	Why ?	Warum ?	Waarom ?	¿ Por qué ?	Perché ?
Combien de ... est-ce que... ?	How many ?	Wieviel ?	Hoeveel ?	¿ Cuánto(s) ?	Quanto(e)(i)(...)?
Combien de temps est-ce que... ?	How long ?	Wie lange ?	Hoelang ?	¿ Cuánto tiempo ?	Quanto tempo?
Quel ... est-ce que... ?	Which ?	Welche ?	Welk ?	¿ Cuál ?	Quale ?

Questions

À qui ... | est-ce que ?
À quoi ...

À *qui est-ce qu'*il pense ?   À *sa secrétaire.*

À *quoi est-ce que* vous pensez ?   À *mon travail.*

À QUI	=	PERSONNE
À QUOI	=	CHOSE

De qui ... | est-ce que ?
De quoi ...

De qui est-ce qu'il parle ? **De son client.**

De quoi est-ce que vous parlez ? **De mon voyage.**

| DE QUI | = | PERSONNE |
| DE QUOI | = | CHOSE |

Questions

Qui est-ce qui ? Qu'est-ce qui ?

Qui est-ce qui a commencé ?	*Le conférencier* a commencé.

Qu'est-ce qui a commencé ?	*La conférence* a commencé.

QUI EST-CE QUI	= PERSONNE	QUI SONT SUJETS
QU'EST-CE QUI	= CHOSE	DE LA PHRASE

ATTENTION !	QUI EST-CE QUI	
	QU'EST-CE QUI	TOUJOURS MASCULIN SINGULIER

Exemples :

– Qui est-ce qui *est* arrivé ?   Les Cassi *sont* arrivés.

– Qu'est-ce qui *est* intéressant ? *Cette* conférence est intéressan*te*.

Qui est-ce que ? Qu'est-ce que ?

Questions

Qui est-ce que les Cassi ont rencontré ? Les Cassi ont rencontré ***Jean et Isabelle Pottin.***

Qu'est-ce que l'hôtesse leur a donné ? L'hôtesse leur a donné ***le programme.***

QUI EST-CE QUE	=	PERSONNE	QUI SONT	OBJETS
QU'EST-CE QUE	=	CHOSE		COMPLÉMENTS

Questions

Place des mots dans la question avec « est-ce que »

À qui	est-ce que	vous	—	donnerez	—	—	le livre	?
Pourquoi	est-ce que	vous	ne	avez	rien	dit	—	?
Qui	est-ce que	l'hôtesse	—	a	—	fait entrer	dans la salle	?
—	Est-ce que	vous	—	êtes	bien	installés	—	?
Quand	est-ce que	Philippe	vous	a	—	rencontré	—	?
Pourquoi	est-ce qu'	ils	ne se	sont	pas	informés	plus tôt	?

Vous entendrez souvent…

Tu invites **qui** à ton anniversaire ?	=	**Qui est-ce que** tu invites à ton anniversaire ?
Tu fais **quoi** ce soir ?	=	**Qu'est-ce que** tu fais ce soir ?
Tu vas **où** pour les vacances ?	=	**Où est-ce que** tu vas pour les vacances ?
Ça commence **quand** ?	=	**Quand est-ce que** ça commence ?
Ça se passe **comment** ?	=	**Comment est-ce que** ça se passe ?
Tu restes **combien de temps** ?	=	**Combien de temps est-ce que** tu restes ?
Tu penses **à qui ?** / **à quoi ?**	=	**À qui / à quoi est-ce que** tu penses ?
Tu parles **de qui ?** / **de quoi ?**	=	**De qui / de quoi est-ce que** tu parles ?
Vous avez **combien d'**enfants ?	=	**Combien d'enfants est-ce que** vous avez ?

Questions

Les questions sans « est-ce que »

avec « est-ce que »		sans « est-ce que »
Est-ce qu'il visitera une exposition ?	=	*Visitera-t-il une exposition ?*
Est-ce qu'il a visité une exposition ?	=	*A-t-il visité une exposition ?*
Comment est-ce qu'ils sont allés au théâtre ?	=	*Comment sont-ils allés au théâtre ?*
Qu'est-ce qu'il faisait ?	=	*Que faisait-il ?*
Qu'est-ce qu'on a fait ?	=	*Qu'a-t-on fait ?*
Quand est-ce qu'ils sont partis ?	=	*Quand sont-ils partis ?*
À quoi est-ce qu'il a participé ?	=	*À quoi a-t-il participé ?*
Qui est-ce qu'il a vu ?	=	*Qui a-t-il vu ?*

ATTENTION !

QU'EST-CE QUI   A COMMENCÉ ?   PAS D'AUTRE POSSIBILITÉ

ATTENTION !

Quand le sujet n'est pas un pronom personnel, ni « ce » ni « on »…

Exemples :

– Philippe aime cette toile.

→ **Philippe** aime-t-*il* cette toile ?

– Les chauffeurs discutaient avec l'employé.

→ Avec qui **les chauffeurs** discutaient-*ils* ?

– Le gangster leur a fait peur.

→ **Le gangster** leur a-t-*il* fait peur ?

– Les chauffeurs ne lui ont rien dit parce qu'ils avaient peur.

→ Pourquoi **les chauffeurs** ne lui ont-*ils* rien dit ?

Les questions sans « est-ce que » + pronom

avec « est-ce que »		sans « est-ce que »
Est-ce qu'il y a des participants ?	=	**Y a-t-il des participants ?**
Quand est-ce qu'il leur a parlé ?	=	**Quand leur a-t-il parlé ?**
Combien de propositions est-ce qu'il y a eu ?	=	**Combien de propositions y a-t-il eu ?**
Pourquoi est-ce qu'il les a acceptées ?	=	**Pourquoi les a-t-il acceptées ?**

Place des mots dans la question sans « est-ce que »

—	Philippe	—	—	aime-t-	il	—	—	cette toile	?
Avec qui	les chauffeurs	—	—	discutaient-	ils	—	—	—	?
—	Le gangster	—	leur	a-t-	il	—	fait	peur	?
—	—	—	Leur	a-t-	il	—	fait	peur	?
Pourquoi	les chauffeurs	ne	lui	ont-	ils	rien	dit	—	?
—	—	Ne	lui	ont-	ils	rien	dit	—	?
—	—	—	Le leur	a-t-	il	—	demandé	—	?
—	—	Ne	le leur	a-t-	il	pas	demandé	—	?

Lequel, laquelle, lesquels, lesquelles ?

Il y a plusieurs **experts**.
Lequel préférez-vous ?

Voici deux **méthodes**.
Laquelle choisissez-vous ?

Ils ont pris des **livres**.
Lesquels ont-ils pris ?

Il faut modifier certaines **méthodes**.
Lesquelles faut-il modifier ?

Discours indirect

Est-ce que vous viendrez ?
Viendrez-vous ? → Elle demande *si* vous viendrez.

Qu'est-ce que vous dites ?
Que dites-vous ? → Elle demande *ce que* vous dites.

Qu'est-ce qui a commencé ? → Elle demande **ce qui** a commencé.

| Qu'est-ce qui | → | ce qui |

Qui est-ce qui participera à ce congrès ?
Qui participera à ce congrès ? → Elle demande **qui** participera à ce congrès.

Qui est-ce que l'hôtesse a accueilli ?
Qui l'hôtesse a-t-elle accueilli ? → Elle demande **qui** l'hôtesse a accueilli.

| Qui est-ce qui / que Qui | → | qui |

Quel est votre nom ? → Elle demande **quel** est votre nom.

Comment allez-vous ? → Elle demande **comment** vous allez.

Quand Philippe partira-t-il ? → Elle demande **quand** Philippe partira.

Pourquoi est-il venu ? → Elle demande **pourquoi** il est venu.

Parlez plus lentement, s'il vous plaît. → Il leur demande **de parler** plus lentement.

Asseyez-vous. → Elle lui demande **de s'asseoir**.

  →

IMPÉRATIF → **DE** + INFINITIF

Réponses à une question : oui - non - si

Philippe est directeur.

Philippe est directeur ?   ***Oui***, Philippe est directeur.

Philippe est professeur ?   ***Non***, Philippe n'est pas professeur.

Philippe ***n***'est ***pas*** professeur ?   ***Non***, Philippe n'est pas professeur.

Philippe ***n***'est ***pas*** directeur ?   ***Si***, Philippe est directeur.

Oui	=	RÉPONSE POSITIVE À UNE QUESTION POSITIVE.
Non	=	RÉPONSE NÉGATIVE À UNE QUESTION POSITIVE ***OU*** NÉGATIVE.
Si	=	RÉPONSE POSITIVE À UNE QUESTION NÉGATIVE.

Les négations

Ne ... pas

Négations

L'étudiant travaille.   ><   L'étudiant *ne* travaille *pas*.

L'étudiant a travaillé.   ><   L'étudiant *n*'a *pas* travaillé.

C'est un dictionnaire.   ><   Ce *n'*est *pas* un dictionnaire.

Négation + *le* - *la* - *les*

Vous voyez *le* livre ?

Non, je *ne* vois *pas le* livre.

Vous avez *déjà* écouté *la* radio ?

Non, je *n*'ai pas *encore* écouté *la* radio.

Vous prenez *souvent* l'avion ?

Non, je *ne* prends *jamais* *l*'avion.

Vous écouterez *encore les* nouvelles ?

Non, je *n*'écouterai *plus les* nouvelles.

| LE |
| LA |
| L' |
| LES |

| LE |
| LA |
| L' |
| LES |

Négation + un - une - des

Négations

Vous lisez **un** livre ? Non, je **ne** lis **pas de** livre.

Vous avez **encore une** question ? Non, je **n**'ai **plus de** question.

Vous avez **déjà** pris **une** enveloppe ? Non, je **n**'ai **pas encore** pris **d**'enveloppe.

Il y a **des** problèmes ? Non, il **n**'y a **pas de** problèmes.

UN UNE DES	DE D'

ATTENTION ! C'EST UN / CE N'EST PAS UN
CE SONT DES / CE NE SONT PAS DES

Exemples :

– C'est **un** livre. → Ce **n**'est **pas un** livre.
– C'est **une** bonne idée. → Ce **n**'est **pas une** bonne idée.
– Ce sont **des** exemples. → Ce **ne** sont **pas des** exemples.

Négation + du - de la - de l'

Vous voulez **encore du** vin ? Non, je **ne** veux **plus de** vin.
Vous buvez **parfois de la** bière ? Non, je **ne** bois **jamais de** bière.
Vous avez demandé **de l'**eau ? Non, je **n'**ai **pas** demandé **d'**eau.

DU	DE
DE LA	D'
DE L'	

ATTENTION ! C'EST / CE N'EST PAS : PAS DE CHANGEMENT

Exemples :

- C'est **du** vin. → Ce **n'**est **pas du** vin.
- C'est **de la** bière. → Ce **n'**est **pas de la** bière.
- C'est **de l'**eau. → Ce **n'**est **pas de l'**eau.

Ne ... aucun(e)

Négations

Ils ont ***des problèmes***.   ><   Ils ***n'***ont ***aucun*** problème.

Ils ont trouvé ***des solutions***.   ><   Ils ***n'***ont trouvé ***aucune*** solution.

Toutes les conférences ont commencé.   ><   ***Aucune*** conférence ***n'***a commencé.

Négations

Aussi >< non plus

Il est allé au congrès.	><	Il *n'*est *pas* allé au congrès
Elle y est allée *aussi*.	><	Elle *n'*y est *pas* allée *non plus*.

Elle *ne* sait *pas*, je *ne* sais *pas non plus*.
Elle *ne* sait *pas* et *moi non plus*.

Encore >< ne ... plus

Négations

Il travaille **encore**.   ><   Il **ne** travaille **plus**.

Il a **encore** parlé.   ><   Il **n'**a **plus** parlé.

Négations

Déjà >< ne ... pas encore

| Il est *déjà* l'heure de partir. | >< | Il *n*'est *pas encore* l'heure de partir. |

| Philippe a *déjà* vu ce client. | >< | Philippe *n*'a *pas encore* vu ce client. |

Déjà
Souvent   >< *ne ... jamais*
Parfois

Il est **déjà** allé en Chine.   ><   Il **n'**est **jamais** allé en Chine.

Il a **souvent** pris l'avion.   ><   Il **n'**a **jamais** pris l'avion.

Il fume **parfois**.   ><   Il **ne** fume **jamais**.

Négations

Quelqu'un >< ne ... personne

| Il invite **quelqu'un**. | >< | Il **n'**invite **personne**. |

| Il parle à **quelqu'un**. | >< | Il **ne** parle à **personne**. |

| Il a vu **quelqu'un**. | >< | Il **n'**a vu **personne**. |

| **Quelqu'un** est venu. | >< | **Personne n'**est venu. |

Quelque chose >< ne ... rien

Il demande **quelque chose**. >< Il **ne** demande **rien**.

Il a besoin de **quelque chose**. >< Il **n'**a besoin de **rien**.

Quelque chose l'inquiète. >< **Rien ne** l'inquiète.

Il a demandé **quelque chose**. >< Il **n'**a **rien** demandé.

Il a pensé à **quelque chose**. >< Il **n'**a pensé à **rien**.

Négations

Quelque part
Partout >< *ne … nulle part*

Il va **quelque part**.   ><   Il **ne** va **nulle part**.

Il a cherché **partout**.   ><   Il **n'**a cherché **nulle part**.

Négations

... *et* ...   >< *ne* ... *ni* ... *ni*
... *ou* ...

| Il a parlé à Philippe *et* à Sophie. | >< | Il *n'*a parlé *ni* à Philippe *ni* à Sophie. |

| Il ira en province demain *ou* jeudi. | >< | Il *n'*ira en province *ni* demain *ni* jeudi. |

Tableau récapitulatif

...	><	NE ... PAS
		NE ... AUCUN(E)
AUSSI	><	NE ... PAS NON PLUS
ENCORE	><	NE ... PLUS
DÉJÀ	><	NE ... PAS ENCORE
DÉJÀ / PARFOIS / SOUVENT	><	NE ... JAMAIS
QUELQU'UN	><	NE ... PERSONNE
QUELQUE CHOSE	><	NE ... RIEN
QUELQUE PART / PARTOUT	><	NE ... NULLE PART
... ET ... / ... OU ...	><	NE ... NI ... NI

Ne ... que = seulement

Négations

Il a vu seulement **deux** clients ?

Oui, il **n'**a vu **que deux** clients.

Ce tableau coûte seulement **100 euros** ?

Oui, il **ne** coûte **que 100 euros**.

Les négations multiples

Ordre dans la phrase

plus	aucun	plus	encore	jamais	aucun	nulle part
	rien				rien	
	personne				personne	

Exemples :

- Quelqu'un a-t-il déjà vu cela ?
  Non, ***personne n***'a ***encore*** vu cela.

- A-t-il encore pensé à quelque chose ?
  Non, il ***n***'a ***plus*** pensé à ***rien***.

- A-t-il déjà certains renseignements ?
  Non, il ***n***'a ***encore aucun*** renseignement.

- Quelqu'un a-t-il déjà trouvé quelque chose quelque part ?
  Non, ***personne n***'a ***encore rien*** trouvé ***nulle part***.

- A-t-il souvent oublié quelque chose quelque part ?
  Non, il ***n***'a ***jamais rien*** oublié ***nulle part***.

– Est-ce que quelque chose l'amuse encore ?
Non, ***plus rien ne*** l'amuse.

– Est-ce que quelqu'un viendra encore ?
Non, ***plus personne ne*** viendra.

Remarque :

→ « **ne** » est toujours obligatoire
« **pas** » est toujours interdit

Les
déterminants

L'article

Un / le

	INDÉTERMINÉ	DÉTERMINÉ
MASCULIN	*un* fils *un* enfant *des* professeurs	*le* fils de Sophie *l'*enfant de Sophie *les* professeurs de Marie
FÉMININ	*une* voiture *une* employée *des* langues	*la* voiture de Philippe *l'*employée de Philippe *les* langues

Déterminants

Au, aux, à la

À	+	LE	=	**AU**
À	+	LES	=	**AUX**

À	+	LA	=	**À LA**

Exemples :

Il joue **au** tennis.
Ils vont **à la** mer.
Ils ne vont pas **aux** États-Unis.

Du / de la

DE	+	LE	=	**DU**

DE	+	LA	=	**DE LA**

Exemples :

Philippe fait **du** tennis.
La villa se trouve près **de la** mer.

De + quantité

J'ai **beaucoup de** problèmes mais **peu de** questions.
J'ai **assez de** pain.
J'ai **trop d'**argent.
J'ai eu **autant** | **de** difficultés que lui.
       plus
       moins
Je voudrais **un verre de** bière.

BEAUCOUP / PEU		
PLUS / MOINS		**DE**
AUTANT	**+**	
ASSEZ		**D'**
TROP		

UN VERRE		
UNE TASSE		**DE**
UNE BOUTEILLE	**+**	**D'**
...		

ATTENTION !

BEAUCOUP DE LIVRES	MAIS	**DE NOMBREUX**	LIVRES
		QUELQUES	
		PLUSIEURS	

Les déterminants possessifs

Mon, ton, son, ...

JE	TU	IL / ELLE	NOUS	VOUS	ILS / ELLES	
MON	TON	SON	NOTRE	VOTRE	LEUR	FILS
MA	TA	SA	NOTRE	VOTRE	LEUR	FILLE
MES	TES	SES	NOS	VOS	LEURS	ENFANTS

Emploi de mon, ton, son...

MASCULIN		FÉMININ		PLURIEL	
mon	voyage	*ma*	voiture	*mes*	enfants
ton	voyage	*ta*	voiture	*tes*	enfants
son	voyage	*sa*	voiture	*ses*	enfants
notre	voyage	*notre*	voiture	*nos*	enfants
votre	voyage	*votre*	voiture	*vos*	enfants
leur	voyage	*leur*	voiture	*leurs*	enfants

ATTENTION !

une enveloppe → *mon* enveloppe
une adresse → *son* adresse

Les déterminants démonstratifs

Ce - cet - cette - ces

Un	sport	→	*ce*	sport
Un	appartement	→	*cet*	appartement
Une	villa	→	*cette*	villa
Des	sports	→	*ces*	sports
Des	villas	→	*ces*	villas

Exemples :

– *Ce* livre est intéressant.

– Avez-vous pris *cet* avion ?

– Je ne connais pas *cette* femme.

– *Ces* questions sont intéressantes.

Les déterminants numéraux

1	→	un	1er	→	premier
2	→	deux	2^e	→	deuxième
3	→	trois	3^e	→	troisième
4	→	quatre	4^e	→	quatrième
5	→	cinq	5^e	→	cinquième
6	→	six	6^e	→	sixième
7	→	sept	7^e	→	septième
8	→	huit	8^e	→	huitième
9	→	neuf	9^e	→	neuvième
10	→	dix	10^e	→	dixième
11	→	onze	11^e	→	onzième
12	→	douze	12^e	→	douzième
13	→	treize	13^e	→	treizième
14	→	quatorze	14^e	→	quatorzième
15	→	quinze	15^e	→	quinzième
16	→	seize	16^e	→	seizième
17	→	dix-sept	17^e	→	dix-septième
18	→	dix-huit	18^e	→	dix-huitième
19	→	dix-neuf	19^e	→	dix-neuvième
20	→	vingt	20^e	→	vingtième

21	→	vingt et un	21ᵉ	→	vingt et unième
22	→	vingt-deux	22ᵉ	→	vingt-deuxième
23	→	vingt-trois	23ᵉ	→	vingt-troisième
24	→	vingt-quatre	24ᵉ	→	vingt-quatrième
25	→	vingt-cinq	25ᵉ	→	vingt-ciquième
26	→	vingt-six	26ᵉ	→	vingt-sixième
27	→	vingt-sept	27ᵉ	→	vingt-septième
28	→	vingt-huit	28ᵉ	→	vingt-huitième
29	→	vingt-neuf	29ᵉ	→	vingt-neuvième
30	→	trente	30ᵉ	→	trentième
31	→	trente et un	31ᵉ	→	trente et unième
40	→	quarante	40ᵉ	→	quarantième
41	→	quarante et un	41ᵉ	→	quarante et unième
50	→	cinquante	50ᵉ	→	cinquantième
51	→	cinquante et un	51ᵉ	→	cinquante et unième
60	→	soixante	60ᵉ	→	soixantième
61	→	soixante et un	61ᵉ	→	soixante et unième
70	→	soixante-dix	70ᵉ	→	soixante-dixième
70	→	septante (Belgique et Suisse)	70e	→	septantième
71	→	soixante et onze	71ᵉ	→	soixante et onzième
71	→	septante et un (Belgique et Suisse)	71ᵉ	→	septante et unième
80	→	quatre-vingts	80ᵉ	→	quatre-vingtième
80	→	octante (Suisse)	80ᵉ	→	octantième

80	→	huitante (Suisse)	80ᵉ	→	huitantième
81	→	quatre-vingt-un	81ᵉ	→	quatre-vingt et unième
90	→	quatre-vingt-dix	90ᵉ	→	quatre-vingt-dixième
90	→	nonante (Belgique et Suisse)	90ᵉ	→	nonantième
91	→	quatre-vingt-onze	91ᵉ	→	quatre-vingt-onzième
91	→	nonante et un (Belgique et Suisse)	91ᵉ	→	nonante et unième
99	→	quatre-vingt-dix-neuf	99ᵉ	→	quatre-vingt-dix-neuvième
99	→	nonante-neuf (Belgique et Suisse)	99ᵉ	→	nonante-neuvième
100	→	cent	100ᵉ	→	centième
1.000	→	mille	1.000ᵉ	→	millième
1.000.000	→	un million	1.000.000ᵉ	→	millionième

Quelle heure est-il ?

Les heures

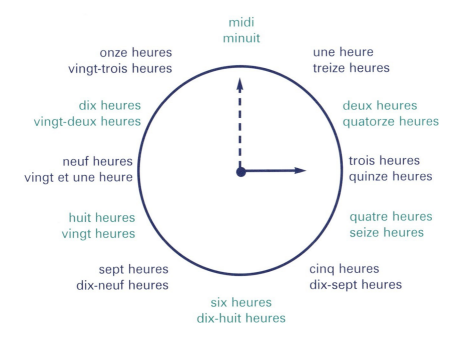

Les minutes

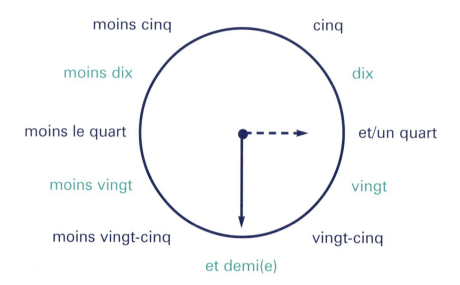

Il est six heures.
Il est six heures dix.
Il est six heures | un quart.
                          | et quart.
Il est six heures et demie.
Il est sept heures moins le quart.
Il est huit heures du matin.
Il est huit heures du soir.
= Il est vingt heures.

Les pronoms

Les pronoms personnels sujets

Je, tu, il…

FRANÇAIS	ANGLAIS	ALLEMAND	NÉERLANDAIS	ESPAGNOL	ITALIEN
Je	I	Ich	Ik	Yo	Io
Tu	You	Du	Jij	Tu	Tu
Il	He	Er	Hij	El	Egli / Lui
Elle	She	Sie	Zij	Ella	Lei
Nous	We	Wir	Wij	Nosotros	Noi
Vous	You	Ihr / Sie	Jullie / U	Vosotros	Voi / Lei
Ils	They	Sie	Zij	Ellos	Essi
Elles	They	Sie	Zij	Ellas	Esse

Le pronom « on »

		TOUT LE MONDE
		LES GENS
ON	=	CHACUN
		QUELQU'UN
		NOUS

Exemples :

– Chez Taxi-Navette, **on** (= chacun) a eu très peur.

– Demain, je vais au cinéma avec Philippe.
   On (= nous) a rendez-vous à 5 heures.

Les pronoms personnels compléments

Le - la - les / me - te - nous - vous

LE	Il rencontre *M.* Dubois.	→	Il *le*	rencontre.
	Il lit *son* journal.	→	Il *le*	lit.
LA	Il salue *Mme* Dubois.	→	Il *la*	salue.
	Il regarde *la* télé.	→	Il *la*	regarde.
L'	Il invite *son* ami(e).	→	Il *l'*	invite.
	Il enverra *cette* lettre.	→	Il *l'*	enverra.
LES	Il remercie *M. et Mme* Dubois.	→	Il *les*	remercie.
	Il prend *ses* bagages.		Il *les*	prend.
ME			Il *me*	remercie.
TE			Il *te*	remercie
NOUS			Il *nous*	remercie.
VOUS			Il *vous*	remercie.

Pronoms

le - la - les
mon - ton - son   + nom   →   **LE - LA - LES**
ce - cet - cette - ces   (personnes ou choses)

→   **ME - TE**
     NOUS - VOUS
     (personnes)

Remarque :

    être, devenir, rester + adj.   →   LE

Exemples :

- Sont-ils **modernes** ?
  Oui, ils *le* sont.

- Les entreprises restent-elles **compétitives** ?
  Non, elles ne *le* restent pas.

- Faut-il que la société devienne **rentable** ?
  Oui, il faut qu'elle *le* devienne.

En

Avez-vous **un** journal ? → Oui, j'**en** ai **un**.
Non, je **n'en** ai **pas**.

Avez-vous reçu **des** invités ? → Oui, j'**en** ai reçu.
Non, je **n'en** ai **pas** reçu.

Prenez-vous **du** pain ? → Oui, j'**en** prends.
Non, je **n'en** prends **pas**.

Avez-vous bu **de la** bière ? → Oui, j'**en** ai bu.
Non, je **n'en** ai **pas** bu.

Combien **d'**enfants avez-vous ? → J'**en** ai trois.
Je **n'en** ai **pas**.

| EN | → | PERSONNES OU CHOSES |

En... + quantité

un		UN
une, deux, trois,...		UNE, DEUX, TROIS...
(un) peu de		(UN) PEU
assez de		ASSEZ
trop de	→ EN... +	TROP
plusieurs		PLUSIEURS
plus de		PLUS
moins de		MOINS
autant de		AUTANT

du - de la - de l' - des → EN...

pas de → EN...

ATTENTION !

quelques → en... | quelques-uns
             | quelques-unes

Exemples :

– A-t-il demandé *quelques* renseignements ?
Oui, il *en* a demandé *quelques-uns*.

– A-t-il reçu *quelques* informations ?
Oui, il *en* a reçu *quelques-unes*.

Récapitulation :
« en » ou « le - la - les »

EN	LE - LA - LES
(PERSONNES OU CHOSES)	(PERSONNES OU CHOSES)

– Vous avez **des** cassettes ?
Oui, j'**en** ai.

– Vous avez **les** cassettes ?
Oui, je **les** ai.

– Vous inviterez **beaucoup d'**amis ?
Oui, j'**en** inviterai **beaucoup**.

– Vous inviterez **vos** amis ?
Oui, je **les** inviterai.

– Il fera **une** proposition ?
Oui, il **en** fera **une**.

– Il fera **cette** proposition ?
Oui, il **la** fera.

↓

un
une, deux, trois,…
beaucoup de
(un) peu de
assez de
trop de
plus de → EN
moins de
autant de
plusieurs
quelques
du, de la, des
pas de

↓

le, la, les
mon, ton, son,… → LE - LA - LES
ce, cet, cette, ces

Lui - leur - me - te - nous - vous

Pronoms

LUI

Il parle *à* monsieur Dubois.
→ Il *lui* parle.
Nous téléphonons *au* directeur.
→ Nous *lui* téléphonons.
Vous avez demandé quelque chose *à l'*hôtesse.
→ Vous *lui* avez demandé quelque chose.
Il parle *à sa* secrétaire.
→ Il *lui* parle.

LEUR

Il a parlé *à* Sophie et *à* Philippe.
→ Il *leur* a parlé.
Elle a téléphoné *à ses* enfants.
→ Elle *leur* a téléphoné.

ME - TE

Il *te* téléphonera ?
→ Il *me* téléphonera.

NOUS   VOUS

Il *vous* parlera ?
→ Il *nous* parlera.

À	+	UNE PERSONNE	→	**LUI**
À	+	DES PERSONNES	→	**LEUR**

159

Pronoms

Y - en

à - au - aux
en - dans - sur + choses = **Y**
...

de - du - des + choses = **EN**
de l' - de la

— Ils vont *en* Suisse ?
  Ils **y** vont.

— Les clés sont *dans* l'armoire ?
  Elles **y** sont.

— Il pense *à* son travail ?
  Il **y** pense.

— Il est sorti *du* cinéma à 8 h 00.
  Il ***en*** est sorti à 8 h 00.

— Il est responsable ***des*** ventes.
  Il ***en*** est responsable.

— Il est satisfait ***de*** votre travail.
  Il ***en*** est satisfait.

Y = À + CHOSES

EN = DE + CHOSES

160

Moi - toi - nous - vous
lui - elle - eux - elles

Pronoms

vers			vers		
avec			avec	MOI - TOI	
pour			pour	NOUS - VOUS	
de	+ personnes →		de	LUI - ELLE	
sur			sur	EUX - ELLES	
chez			chez		
...			...		

Exemples :

– Tu comptes sur moi ?   Oui, je compte **sur toi**.

– Avez-vous peur de nous ?   Non, nous n'avons pas peur **de vous**.

– Vous allez chez Pierre ?   Oui, je vais **chez lui**.

– Vous vous êtes promené avec votre amie ?   Oui, je me suis promené **avec elle**.

– Il travaille pour ses enfants ?   Oui, il travaille **pour eux**.
– Il s'est dirigé vers les hôtesses ? Oui, il s'est dirigé **vers elles**.

Remarques :

1) penser à, tenir à, être à, renoncer à, faire appel à, faire attention à, s'adresser à, se fier à, s'intéresser *à quelqu'un.*

→

CERTAINS VERBES + À + UNE PERSONNE	MOI, TOI, SOI NOUS, VOUS LUI, ELLE(S), EUX

Exemples :

– **À qui** est ce livre ?   Il est *à moi*.

– Tient-il *à sa secrétaire* ?   Oui, il tient *à elle*.

– Pense-t-elle *à son patron* ?   Oui, elle pense *à lui*.

– Vous intéressez-vous *à ces étudiants* ?   Oui, je m'intéresse *à eux*.

CERTAINS VERBES	Y + VERBE
+ À	
+ QUELQUE CHOSE	

Exemples :

- Tient-il *à* sa liberté ?   Oui, il *y* tient.
- A-t-il renoncé *à* partir ?   Oui, il *y* a renoncé.
- Vous intéressez-vous   Oui, je m'*y* intéresse.
  à cette affaire ?

2) permettre à, reprocher à, promettre à, demander à, donner à *quelque chose*

CERTAINS VERBES	LUI ou LEUR
+ À	+ VERBE
+QUELQUE CHOSE	

Exemples :
- Que reproche-t-on *à cette méthode* ?
  On *lui* reproche d'être trop simple.
- Que demande-t-on *à ces exercices* ?
  On *leur* demande d'être efficaces.
- Que promet-on *à l'entreprise* ?
  On *lui* promet un bel avenir.

Place du pronom dans la phrase

Dans la phrase négative

- Il lit **le journal** ? — Non, il ne **le** lit pas.
- Vous avez parlé **au directeur** ? — Non, je ne **lui** ai pas parlé.
- Vous avez pris **beaucoup de livres** ? — Non, nous n'**en** avons pas pris beaucoup.
- Elles sont allées **à Paris** en train ? — Non, elles n'**y** sont pas allées en train.
- Il est responsable **de ce département** ? — Non, il n'**en** est pas responsable.

Il	ne	le	lit	pas	—
Je	ne	lui	ai	pas	parlé
Nous	n'	en	avons	pas	pris	beaucoup.
Elles	n'	y	sont	pas	allées	en train.
Il	n'	en	est	pas	—	responsable.

Dans la question sans « est-ce que »

- Il a perdu **ses lunettes**. → Où **les** a-t-il perdues ?
- Il est allé **en ville**. → Avec qui **y** est-il allé ?
- Avez-vous reçu **une grammaire** ? → **En** avez-vous reçu **une** ?
- Le conférencier n'a pas parlé **aux participants**. → Pourquoi le conférencier ne **leur** a-t-il pas parlé ?

Pourquoi	le conférencier	ne	leur	a-	t-il	pas	parlé	—	?
—	—	—	En	avez-	vous	—	reçu	une	?
Avec qui	—	—	y	est-	il	—	allé	—	?
Où	—	—	les	a-	t-il	—	perdues	—	?

Avec un infinitif

- Il doit parler *aux participants*. → Oui, il doit **leur** parler.
- Il faut faire *ce travail* ? → Oui, il faut **le** faire.
- Pouvons-nous aller *au cinéma* ? → Non, vous ne pouvez pas **y** aller.
- Elle désire parler *de son voyage*. → Oui, elle désire **en** parler.

Il			doit		leur	parler.
Il			faut		le	faire.
Vous	ne		pouvez	pas	y	aller.
Elle			désire		en	parler.

Exceptions :

Exemples :

- Je *vous* ai entendu arriver
- Mon bureau, je *l'*ai fait aménager par des professionnels.
- Il ne *les* a pas laissés faire.

Les doubles pronoms

ME - TE - SE				
NOUS - VOUS	+	Y - EN	+	VERBE
LE - LA - LES				
LUI - LEUR				

| ME - TE - SE | | | | |
| NOUS - VOUS | + | LE - LA - LES | + | VERBE |

| LE - LA - LES | + | LUI - LEUR | + | VERBE |

Exemples :

- Il conduit ses enfants à la gare.
    Il *les y* conduit.
- Leur dit-il de partir ?
    Oui, il *le leur* dit.

– Montre-t-il ses bureaux à sa femme ?
> – Oui, il **les lui** montre.

– La conduit-il à la gare ?
> – Non, il ne **l'y** conduit pas.

– Avez-vous donné quelques renseignements aux invités ?
> – Oui, je **leur en** ai donné **quelques-uns**.

Les pronoms relatifs

Le pronom relatif « qui »

Voici **l'hôtesse**. **L'hôtesse** accueille les participants.

→ Voici l'hôtesse **qui** accueille les participants.

Il reçoit **le programme**. **Le programme** donne toutes les informations.

→ Il reçoit le programme **qui** donne toutes les informations.

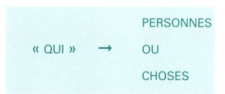

Le pronom relatif « que »

Philippe rencontre **l'hôtesse**. **L'hôtesse** est très aimable.

→ L'hôtesse *que* Philippe rencontre est très aimable.

Philippe reçoit **le programme**. **Le programme** est très détaillé.

→ Le programme *que* Philippe reçoit est très détaillé.

« QUE »	→	PERSONNES OU CHOSES

Le pronom relatif « où »

Il connaît **Genève**. Le congrès a lieu à **Genève**.

→   Il connaît Genève **où** le congrès a lieu.

Ils ont cherché **la salle**. La conférence avait lieu **dans cette salle**.

→   Ils ont cherché la salle **où** la conférence avait lieu.

« OÙ »   →   LIEU

Le pronom relatif « dont »

Vous connaissez **la ville**. Il parle **de la ville**.

→   Vous connaissez la ville **dont** il parle.

Vous connaissez **l'hôtesse**. Il parle **de l'hôtesse**.

→   Vous connaissez l'hôtesse **dont** il parle.

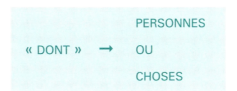

Les pronoms relatifs « lequel - laquelle - lesquels - lesquelles »

Il a discuté *avec l'expert*. *L'expert* était le plus compétent.

→ L'expert *avec lequel* il a discuté était le plus compétent.

Il travaille *pour une société*. *Cette société* fabrique des voitures.

→ La société *pour laquelle* il travaille fabrique des voitures.

PRÉPOSITION + LEQUEL	→	PERSONNES OU CHOSES

Les pronoms relatifs « auquel - auxquels - auxquelles »

Je ne connais pas l'expert. Vous avez parlé à un expert.

→ Je ne connais pas l'expert *auquel* vous avez parlé.

M. Pottin s'est adressé à des banquiers. Les banquiers exigent des garanties.

→ Les banquiers *auxquels* M. Pottin s'est adressé exigent des garanties.

À	+	LEQUEL	=	AUQUEL
À	+	LESQUELS	=	AUXQUELS
À	+	LESQUELLES	=	AUXQUELLES

Les pronoms relatifs « duquel - de laquelle - desquels - desquelles »

C'est l'événement **à partir duquel** tout a commencé.

J'ai finalement résolu le problème **au sujet duquel** je vous avais consulté.

Voici les faits **à propos desquels** le journal a publié un article.

À PARTIR DE			=	DUQUEL
AU SUJET DE	+	LEQUEL	=	DE LAQUELLE
À PROPOS DE			=	DESQUELS
			=	DESQUELLES

Les pronoms relatifs - tableau récapitulatif

		QUI	→	PERSONNES OU CHOSES
		QUE	→	PERSONNES OU CHOSES
		OÙ	→	LIEU
		DONT	→	PERSONNES OU CHOSES
PRÉPOSITION	+	LEQUEL LAQUELLE LESQUEL(LE)S	→	PERSONNES OU CHOSES
		AU(X)QUEL(LES)	→	PERSONNES OU CHOSES
AU SUJET À PARTIR	+	DUQUEL DE LAQUELLE DESQUELS DESQUELLES	→	PERSONNES OU CHOSES

Les pronoms démonstratifs : celui, celle, ceux, celles

CELUI-CI	CELLE-CI
CELUI-LÀ	CELLE-LÀ
CEUX-CI	CELLES-CI
CEUX-LÀ	CELLES-LÀ

Exemples :

– De ces deux tableaux, vous préférez **celui-ci** ou **celui-là** ?

– Ces peintures sont chères, mais **celle-ci** est moins chère que **celle-là**.

CELUI - CELLE		DE
	+	QUI
CEUX - CELLES		QUE
		...

Exemples :

- Ce n'est pas le programme de Philippe, c'est **celui de** sa femme.

- Quelles cassettes voulez-vous ?
Celles qui sont sur la table ou **celles que** j'ai mises dans l'armoire ?

Pronoms

Les pronoms possessifs : le mien, le tien, le sien…

LE MIEN	LE TIEN	LE SIEN	LE NÔTRE	LE VÔTRE	LE LEUR
LES MIENS	LES TIENS	LES SIENS	LES NÔTRES	LES VÔTRES	LES LEURS
LA MIENNE	LA TIENNE	LA SIENNE	LA NÔTRE	LA VÔTRE	LA LEUR
LES MIENNES	LES TIENNES	LES SIENNES	LES NÔTRES	LES VÔTRES	LES LEURS

Exemples :

– Cette société, c'est *la vôtre* ? Non, ce n'est pas *la mienne*, c'est *la sienne*.

– Ce sont *vos journaux* ? Oui, ce sont *les miens*.

– C'est *la villa des Cassi* ? Oui, c'est *la leur*.

tout - toute - tous - toutes

AVEC UN NOM DE CHOSE OU DE PERSONNE

- Il a lu *tout le* livre en un jour.
- *Tout le* personnel était présent à la réunion.

- Il a passé *toute la* journée en province.
- Il a invité *toute sa* famille à la fête.

- Il rentre *tous les* jours(*) vers 5 heures.
- *Tous les* invités(*) sont arrivés à 8 heures.

- Il a écouté *toutes les* cassettes.
- *Toutes les* amies de Marie sont venues à la fête.

Remarque :

(*) tou<u>s</u> les jours
tou<u>s</u> les invités → Le « s » ne se prononce pas.

tous - toutes

- **Tous les** invités sont arrivés ?
  Oui, ils sont **tous**(**) arrivés.

- **Tous les** avions ont décollé à l'heure ?
  Oui, ils ont **tous**(**) décollé à l'heure.

- Vous avez pris **toutes les** cassettes ?
  Oui, je **les** ai **toutes** prises.

- **Toutes vos** amies sont arrivées ?
  Oui, elles sont **toutes** arrivées.

- Bienvenue à **tous**(**) et à **toutes**.

Remarque :

(**) tou**s** → le « s » se prononce.

tout

TOUT = TOUTES LES CHOSES

- *Tout* va bien ?
- J'ai *tout* compris.
- Il a pensé à *tout*.
- Je m'occupe de *tout*.
- Merci à tous(**) pour *tout*.

Remarque :

(**) tous → le « s » se prononce

Pour exprimer :

Le lieu

Pour exprimer

les noms de pays et de villes

VILLE	PAYS	
	Féminin = Finale « e »	Masculin = Finale autre que « e »
Paris Bruxelles Montréal Rome	*La* France *La* Belgique *La* Suisse *L'*Allemagne	*Le* Canada *Le* Chili *Le* Japon *Le* Brésil
Je vais *à* Paris. Je viens *de* Berlin.	Je vais *en* Suède. Je viens *de* Pologne.	J'habite *au* Danemark. Je viens *du* Pérou.

Pour exprimer

Cas particuliers

Le nom est au masculin mais il se termine par un « e ».

Le Cambodge
Le Zaïre
Le Mexique   → Je vais *au* Cambodge.
Le Mozambique   Je viens *du* Mexique.

Le nom est au masculin mais il commence par une voyelle.

Exemples :

L'Ira<u>n</u>
L'Ira<u>k</u>
L'<u>U</u>rugua<u>y</u>
<u>I</u>sraël (attention, pas d'article !)

Je vais *en* Iran.   Je viens *d'*Israël.

Le nom est au pluriel.

Exemples :

Les États-Unis
Les Pays-Bas
Les Philippines

Je vais *aux* États-Unis.   Je viens *des* Philippines.

À ≠ chez

Il va *à la* pharmacie.
Il va *au* cinéma.
Il loge *à l'*hôtel.

Je vais *chez* mon ami.
Il habite *chez* ses parents.
Il sera *chez* lui ce soir.
Il travaille *chez* Renault.

À + LIEU / PLACE

CHEZ + PERSONNE(S)

Les positions

Le ballon est *dans* le panier.

Le ballon est *entre* les mains.

Le ballon est *au-dessus du* panier.

Le ballon est *derrière* le panier.

Le ballon est *au-dessous du* panier.

Le ballon est *à droite du* panier ou *à côté du* panier..

Le ballon est *à gauche du* panier ou *à côté du* panier..

Le ballon est *devant* le panier.

Le ballon est *sur* le sol.

Le ballon est *sous* le panier.

Pour exprimer

Le temps

Ne confondez pas…

Avant-hier	Hier	Aujourd'hui	Demain	Après-demain
lundi	mardi	Nous sommes mercredi	jeudi	vendredi

L'avant-veille	La veille	Ce jour-là	Le lendemain	Le surlendemain
Le jour précédent		Nous étions mercredi / Nous serons mercredi	Le jour suivant	

191

Pour exprimer

Mercredi ≠ le mercredi

Je vais à Paris *mercredi*.

(= mercredi prochain)

Je vais à Paris *le mercredi*.

(= chaque mercredi)

Je suis allé à Paris *mercredi*.

(= mercredi dernier)

J'allais à Paris *le mercredi*.

(= chaque mercredi dans le passé)

Depuis - pendant

DEPUIS	PENDANT
– Elles *se connaissent* *depuis* un an.	– Elles *sont restées* ensemble *pendant* toute la soirée.
– Nous *discutons* de ce problème *depuis* vingt minutes.	– Ils *discuteront* de ce problème *pendant* vingt minutes.
– Il *travaille* dans cette entreprise *depuis* cinq ans.	– Il *a travaillé* dans cette entreprise *pendant* cinq ans.

↓

= Il y a ... que ...
  Ça fait ... que ...
  Voilà ... que ...

Ces expressions commencent la phrase.

L'ACTION A COMMENCÉ ET CONTINUE.	DURÉE DÉTERMINÉE

Pour exprimer

Pour exprimer

Exemples :

- *Il y a* un an *qu*'elles se connaissent.
- *Ça fait* vingt minutes *que* nous discutons de ce problème.
- *Voilà* cinq ans *qu*'il travaille dans cette entreprise.

Remarque :

Pour exprimer la durée avec une nuance d'intention

Exemple :

- Il est ici *pour* une semaine.

Depuis - depuis que

- Ils se connaissent ***depuis*** un an.

- ***Depuis qu'***ils se connaissent, ils se rencontrent tous les mois.

DEPUIS	+	NOM
DEPUIS QUE	+	VERBE

Il y a >< dans

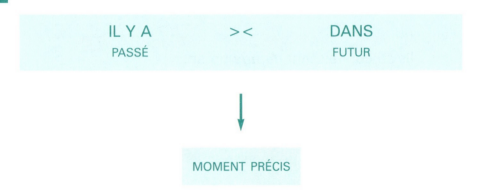

– Ils se sont rencontrés *il y a* un an.

– Il partira **dans** huit jours.

– *Il y a* trois mois, je suis allé en voyage à Prague.

– **Dans** quelques semaines, je visiterai les États-Unis.

Dans ≠ en

Pour exprimer

DANS TROIS JOURS **FUTUR**	**EN** TROIS JOURS = DURÉE NÉCESSAIRE POUR FAIRE QUELQUE CHOSE

(Aujourd'hui, nous sommes dimanche,)

Philippe fera ce travail **dans** trois jours.

c'est-à-dire :

Philippe fera ce travail mercredi.

(Aujourd'hui, nous sommes dimanche,)

Philippe a fait / fait / fera ce travail **en** trois jours.

c'est-à-dire :

– Il lui a fallu / faut / faudra trois jours pour faire ce travail.

– Il a commencé / commence / commencera mardi et il finira jeudi.

TOUJOURS LE FUTUR	PASSÉ, PRÉSENT OU FUTUR = DURÉE NÉCESSAIRE POUR FAIRE QUELQUE CHOSE

En ce moment ≠ à ce moment-là

En ce moment, il termine sa thèse.

= maintenant
= pour le moment

PRÉSENT

Il aura bientôt terminé et, ***à ce moment-là***, il deviendra docteur.

Il a commencé sa thèse il y a deux ans. ***À ce moment-là***, il avait 24 ans.

PASSÉ OU FUTUR

Pour exprimer

Avant >< après

avant le départ	><	après le départ
avant *de* manger	><	après *avoir* mangé
avant *de* partir	><	après *être* parti

Exemples :

- Il a téléphoné à sa secrétaire *avant* la réunion.

- *Après avoir téléphoné*, il a lu les rapports.

Pour exprimer | **le temps : simultanéité**

```
QUAND
LORSQUE
PENDANT QUE
AU MOMENT OÙ              | + INDICATIF OU CONDITIONNEL
TANDIS QUE
TANT QUE = AUSSI LONGTEMPS QUE
CHAQUE FOIS QUE
ETC.
```

Exemples :

- Il est arrivé **au moment où** je **partais**.
- Il ne peut pas commencer **tant que** les travaux ne **sont** pas **finis**.

```
À MESURE QUE
AU FUR ET À MESURE QUE    | + INDICATIF OU CONDITIONNEL
PLUS…, PLUS…
MOINS…, MOINS…
```

Exemples :

- ***Plus*** le temps passait, ***plus*** il s'inquiétait.
- Il classe toutes les lettres ***au fur et à mesure qu****'*il les reçoit.

AU MOMENT DE + INFINITIF

Exemple :

- ***Au moment de*** payer, il s'est aperçu qu'il avait oublié son chéquier.

PENDANT
DURANT   + NOM
AU MOMENT DE, LORS DE, AU COURS DE

Exemples :

- Il viendra ***pendant*** la semaine.
- ***Lors de*** son séjour à Paris, il a visité le Louvre.

Pour exprimer

EN	+	PARTICIPE PRÉSENT
PENDANT	+	NOM
PENDANT QUE	+	VERBE

Exemples :

- Ils ont discuté *en* mangeant.

- Ils ont discuté *pendant* le dîner.

- Ils ont discuté *pendant que* je travaillais.

Le temps : postériorité

QUAND = LORSQUE
AUSSITÔT QUE = DÈS QUE
(= IMMÉDIATEMENT, TOUT DE SUITE)
DEPUIS QUE

+ INDICATIF OU CONDITIONNEL

Exemples :

- L'hôtesse a accueilli les participants **quand** ils sont arrivés.
- L'hôtesse a accueilli les participants **lorsqu'**ils sont arrivés.
- Je viendrai **quand** j'aurai fini mon travail.
- Il parle très bien le français **depuis qu'**il habite à Paris.
- Nous sommes passés à table **dès que** le garçon nous a fait signe.
- L'hôtesse est arrivée **dès qu'**elle a vu Sophie et Philippe.
- Elle est arrivée **aussitôt qu'**elle a vu Sophie et Philippe. (= immédiatement)

| APRÈS | + INFINITIF PASSÉ |

Exemples :

– Nous partirons **après avoir mangé**.

Exemples :

– Je partirai **après** le repas.
– Nous sommes passés à table **dès** notre arrivée.

Remarque :

« après que » est aujourd'hui suivi du subjonctif même s'il demande normalement l'indicatif.

Le temps : antériorité

Exemples :

- Je finirai ce travail **avant** mon départ.
- Il a continué **jusqu'à** la dernière minute.
- Il lit **en attendant** son ami.

```
AVANT DE              + INFINITIF
EN ATTENDANT DE
```

Exemples :

- Je finirai **avant de** partir.
- Il lit le journal **en attendant de** passer à table.

Pour exprimer

AVANT QUE (NE)	
JUSQU'À CE QUE	+ SUBJONCTIF
EN ATTENDANT QUE	

Exemples :

- Monsieur Pottin a encore beaucoup de problèmes à régler *avant que* ses bureaux *(ne) soient* prêts.

- Il a cherché *jusqu'à ce qu*'il *ait* les bureaux qui lui conviennent.

- *En attendant que* ses bureaux *soient* aménagés, monsieur Pottin règle d'autres problèmes.

L'hypothèse

Pour exprimer

SI + PRÉSENT ⟷ PRÉSENT

Exemples :

- *Si* on *résiste* à un gangster, on *risque* sa vie.

- On *risque* sa vie *si* on *s'oppose* à un gangster.

- Les banques *accordent* un crédit, *si* le projet en *vaut* la peine.

SI + PRÉSENT ⟷ FUTUR

Exemples :

- *S*'il *obtient* des garanties, monsieur Pottin *pourra* créer sa société.

- *Si* je *perds* ma carte de crédit, j'*aurai* des problèmes.

Pour exprimer

| SI | + | IMPARFAIT | ⟷ | CONDITIONNEL PRÉSENT |

Exemple :

– *Si* tu *avais* le choix, qu'est-ce que tu *ferais* ?

OU : Qu'est-ce que tu *ferais* si tu *avais* le choix ?

| SI | + | PLUS-QUE-PARFAIT | ⟷ | CONDITIONNEL PASSÉ |

Exemples :

– *Si* j'*avais couru*, je *serais arrivé* à temps.

– *Auriez*-vous *donné* votre avis, *si* on vous l'*avait demandé* ?

À CONDITION QUE / À SUPPOSER QUE / À MOINS QUE (NE) …+… SUBJONCTIF

Exemples :

– *J'accepte*, *à condition que* les termes du contrat *soient* clairs.

- La banque lui **accordera** ce crédit **à condition qu'**il **puisse** présenter certaines garanties.

- Je le **ferais à condition qu'**on me le **permette**.

- Nous **partirons à moins qu'il ne fasse** trop mauvais.
(= sauf si + indicatif présent)

> À CONDITION DE / À MOINS DE… + INFINITIF

Exemples :

- Il acceptera **à condition de recevoir** une augmentation.

- Il n'acceptera pas, **à moins de recevoir** une augmentation.

> AU CAS OÙ, POUR LE CAS OÙ, DANS LE CAS OÙ,
> DANS L'HYPOTHÈSE OÙ… + CONDITIONNEL

Exemples :

- **Au cas où** tu **irais** à Paris, passe me voir.

- **Dans l'hypothèse où** j'**aurais** quelque chose à vendre, je **ferais** appel à des spécialistes.

Pour exprimer

POUR PEU QUE, POUR AUTANT QUE + SUBJONCTIF

Exemples :

- Il sera élu *pour autant qu'*il *obtienne* la majorité de voix.

- Il ne sera pas élu *pour peu qu'*on *apprenne* sa liaison extra-conjugale.

Si ≠ quand

Quand il aura fini son travail, il rentrera.

QUAND = EXPRESSION DE TEMPS

Si vous allez chez lui, vous serez bien accueilli.

SI = EXPRESSION D'HYPOTHÈSE

Pour exprimer

Le but

POUR + NOM

Exemple :

– Je téléphone **pour un renseignement**.

POUR	
EN VUE DE	+ NOM
PAR PEUR DE / PAR CRAINTE DE	

Exemples :

– Il a rassemblé toute les informations **en vue de cette étude**.

– Il ont annulé leur voyage **par crainte du terrorisme**.

Pour exprimer

```
POUR
AFIN DE           + VERBE À L'INFINITIF
DANS LE BUT DE
```

Exemple :

– Philippe téléphone ***pour*** | ***se renseigner.***
                                   afin de
                                   dans le but de

```
DE PEUR DE
                  + VERBE À L'INFINITIF
DE CRAINTE DE
```

Exemple :

– Il travaille ***de peur d'échouer***.

```
POUR QUE
AFIN QUE                                    + VERBE AU SUBJONCTIF
DE PEUR QUE (NE)/DE CRAINTE QUE (NE)
```

Exemples :

– Monsieur Pottin sait ce qu'il va proposer aux dirigeants ***pour que*** leur société ***puisse*** rester performante.

– ***De crainte que*** leur fils ne ***puisse*** pas créer sa société, ils acceptent que leur maison soit hypothéquée.

Pour exprimer

La cause

À CAUSE DE + NOM

Exemple :

– Philippe et Sophie sont arrivés en retard **à cause de** la circulation.

EN RAISON DE, GRÂCE À, POUR, DU FAIT DE,
SOUS PRÉTEXTE DE, FAUTE DE, À FORCE DE
+ NOM

Exemples :

– La production a baissé **en raison de la crise**.
– Il a été arrêté **pour vol**.
– Il a réussi **à force de travail**.

PARCE QUE + VERBE À L'INDICATIF

Exemple :

– Philippe et Sophie sont arrivés en retard **parce qu'** il y **avait** beaucoup de circulation.

Pour exprimer

COMME		VERBE
	+	À
CAR		L'INDICATIF

Exemples :

– ***Comme*** il y ***avait*** beaucoup de circulation, Philippe et Fanny sont arrivés en retard.

– Philippe et Fanny sont arrivés en retard ***car*** il y ***avait*** beaucoup de circulation.

ATTENTION !

COMME :	commence ***toujours*** la phrase.
CAR :	***ne*** commence ***jamais*** la phrase.

Remarque :   car = en effet,

Exemples :

– Il a dû s'absenter ***car*** il a été appelé au téléphone.

– Monsieur Rivière a cédé ses affaires à sa fille. Il commençait, ***en effet***, à se sentir trop âgé pour continuer.

Pour exprimer

PUISQUE + VERBE À L'INDICATIF

Exemples :

– Je suis disponible ***parce que*** mon client n'est pas venu.
– ***Puisque*** tu es là, profites-en pour m'aider.

VU QUE, DU FAIT QUE, D'AUTANT PLUS QUE SI… C'EST (PARCE) QUE	+ INDICATIF

Exemples :

– Je suis surpris de son échec, ***d'autant plus que***, d'habitude, il ***réussit*** dans tout ce qu'il entreprend.
– ***Du fait qu'***il ***était*** malade, il n'a pas présenté son examen.
– ***S'il a réussi, c'est parce qu'***il ***a*** beaucoup travaillé.

SOUS PRÉTEXTE DE… À FORCE DE… FAUTE DE…	+ INFINITIF

Exemples :

– Il est venu ***sous prétexte de*** nous ***aider***.
– Il n'a pas pu nous rejoindre ***faute d'avoir été*** prévenu à temps.
– ***À force de vouloir*** tout essayer, il n'a rien réussi.

La conséquence

Pour exprimer

ALORS	
DONC	+ VERBE
PAR CONSÉQUENT / EN CONSÉQUENCE	

Exemples :

Le peintre s'occupait de quelqu'un d'autre,

alors
donc   Philippe et Sophie ont pu réfléchir à leur aise.
par conséquent

DE CE FAIT	
DÈS LORS	
C'EST POURQUOI	
C'EST POUR CELA QUE	+ VERBE
C'EST LA RAISON POUR LAQUELLE	
C'EST LE MOTIF POUR LEQUEL	

Exemples :

- Ils avaient beaucoup de choses à se dire: ***c'est la raison pour laquelle*** ils ont décidé de déjeuner ensemble.
- Le projet de M. Pottin était valable. ***Dès lors***, la banque n'a pas hésité à lui accorder un crédit.

Pour exprimer

TELLEMENT / SI	+	ADJECTIF			
TELLEMENT / TANT	+	VERBE	+	QUE	+ VERBE
TELLEMENT DE / TANT DE	+	NOM			

Exemples :

- Philippe était |***tellement préoccupé qu'***il a failli
              |***si***
  se faire renverser par une voiture.

- Philippe et Sophie ***aimaient***|***tellement*** cette toile ***qu'***ils
                                  |***tant***
  ont décidé de l'acheter.

- Il y avait |***tellement de trafic qu'***ils sont arrivés en retard.
             |***tant de***

DE (TELLE) SORTE QUE / SI BIEN QUE	+	INDICATIF

Exemples :

  - Il a roulé très lentement, ***de sorte que j'ai pu*** admirer le paysage.
  - Il a écrit lisiblement, ***si bien que je n'ai eu*** aucune peine à relire son rapport.

DE FAÇON À DE MANIÈRE À	+	INFINITIF

DE FAÇON (À CE) QUE DE MANIÈRE (À CE) QUE	+	SUBJONCTIF

Pour exprimer

Exemples :

- Il demandera qu'on fasse une étude de sa société ***de manière (à ce) qu***'elle ***soit*** plus compétitive.

- Il a fait aménager ses bureaux, ***de façon à*** les ***rendre*** plus fonctionnels.

REMARQUES

SI BIEN QUE	+	INDICATIF

→ conséquence ***réelle***

DE MANIÈRE QUE DE FAÇON QUE	+	SUBJONCTIF

→ conséquence ***souhaitée***

DE (TELLE) SORTE QUE	+	INDICATIF OU SUBJONCTIF

→ ***selon le sens***

Exemples :

- Il a roulé lentement **si bien que** j'**ai pu** admirer le paysage.
  Conséquence constatée : j'ai pu admirer le paysage.

- Il a roulé lentement **de telle sorte que** je **puisse** admirer le paysage.
  Conséquence souhaitée : il souhaitait que je puisse admirer le paysage

TROP (DE)... POUR	
ASSEZ (DE) ...POUR	
SUFFISAMMENT (DE)... POUR	+ INFINITIF
SUFFISANT POUR	

Exemples :

- Elle est **suffisamment** avisée **pour savoir** ce qu'elle doit faire.

- J'ai **assez de** temps **pour faire** ce travail.

Pour exprimer

```
TROP (DE)... POUR QUE
ASSEZ (DE) ...POUR QUE                  +    SUBJONCTIF
SUFFISAMMENT (DE)... POUR QUE
SUFFISANT POUR QUE
```

Exemple :

- L'affaire est *trop* complexe *pour que* vous *preniez* des risques.

```
AUSSI + INVERSION = c'est pourquoi
```

Exemples :

- Elle avait besoin d'un conseil, *aussi s'est-elle adressée* à lui.

- Son travail ne lui plaisait guère, *aussi a-t-il décidé* d'en changer.

Pour exprimer

L'opposition

MAIS / (ET) POURTANT / CEPENDANT + VERBE À L'INDICATIF

MALGRÉ + NOM

| MÊME SI + VERBE |
ALORS QUE

Exemples :

– L'expert avait de nombreux rendez-vous, | *mais* | il a accepté.
| *(et) pourtant* |
| *cependant* |

– *Malgré* ses nombreux rendez-vous, l'expert a accepté.

– *Même si* tout n'était pas parfait, les participants étaient satisfaits.

BIEN QUE = QUOIQUE + SUBJONCTIF

Exemples :

– *Quoiqu'*il *connaisse* son discours par cœur, il continue de le relire.

– Il continue à travailler *bien qu'*il *soit* fatigué.

Quel(lle)(s) que soi(en)t...

Quel	que soit	le problème	=	il peut être minime ou considérable, ce n'est pas important.
Quelle	que soit	l'heure	=	il peut être midi ou 5 heures, ce n'est pas important.
Quels	que soient	les candidats	=	ils peuvent être qualifiés ou non, jeunes ou vieux, hommes ou femmes, ce n'est pas important.
Quelles	que soient	les saisons	=	Cela peut être l'été ou l'automne, ce n'est pas important.

Exemples :

- Le ticket de métro coûte 5 francs, ***quel que soit*** le trajet parcouru.
- Il regarde la télévision tous les soirs, ***quelle que soit*** l'émission au programme.
- ***Quelles que soient*** les prévisions météorologiques, j'ai l'intention d'aller me promener.
- J'essaierai de résoudre votre problème, ***quel qu'il soit***.

Pour exprimer

> QUOI QUE = QUELLE QUE SOIT LA CHOSE QUE... + SUBJONCTIF

Exemple :

- ***Quoi que*** vous ***fassiez***, je suis sûr que ce sera bien fait.

> AVOIR BEAU + INFINITIF

Exemple :

- ***J'ai beau refaire*** mes calculs, je ne parviens pas à retrouver l'erreur.

> POURTANT, NÉANMOINS, CEPENDANT, TOUTEFOIS, QUAND MÊME, TOUT DE MÊME (jamais en tête de phrase)

Exemples :

- Il est fatigué, ***néanmoins***, il continue à travailler.
- Il est fatigué, il continue ***quand même*** à travailler.

POUR AUTANT (= pourtant)

DANS LES PHRASES NÉGATIVES ET INTERROGATIVES

Exemples :

- Il travaille beaucoup ; va-t-il *pour autant* réussir ?
- Il a beaucoup travaillé ; il *n'*a *pas* réussi *pour autant*.

CE N'EST PAS PARCE QUE... QUE...
CE N'EST PAS POUR CELA (=ÇA) QUE...

Exemples :

- *Ce n'est pas parce qu'*on est courageux *qu'*il faut devenir téméraire.
- Vous êtes courageux, mais *ce n'est pas pour ça qu'*il faut devenir téméraire.

N'IMPORTE | QUOI
 | QUI
 | QUEL
 | OÙ
 | QUAND
 | COMMENT

Exemples :

- Venez *n'importe quand*.
  (Le moment n'est pas important.)
- Il s'installe *n'importe où*.
  (L'endroit n'est pas important.)

Pour exprimer

> QUE... OU QUE...
> + SUBJONCTIF

Exemples :

- ***Qu'****il **vienne** avec nous **ou qu'**il **reste** chez lui, nous irons au théâtre.*
- ***Que*** *le problème **soit** important **ou** minime, il faut le résoudre.*
- ***Qu'****il le **veuille ou non**, il doit faire ce travail.*

> TOUT + GÉRONDIF = même si, alors que

Exemple :

- *Il a décidé de quitter son emploi **tout en sachant** qu'il en éprouverait certains regrets.*

> OR = CEPENDANT

Remarque :

« Or » introduit une opposition dont on peut tirer une conséquence.

Exemple :

- *Il voulait créer son entreprise. **Or**, il n'avait pas de fortune personnelle. Il s'adressa **donc** à une banque.*

SI + ADJECTIF + QUE... + SUBJONCTIF

Exemples :

- **Si** étonnant **que** cela **puisse** paraître, il a trouvé la solution.

- **Si** complexe **que soit** le problème, elle l'a résolu.

QUOI QUE + ADJECTIF
BIEN QUE + ADJECTIF

Exemple :

- **Quoique vigilante**, elle ne craint pas de prendre certains risques.

Pour exprimer

La manière

Comment a-t-il réussi ?	PAR son travail
	GRÂCE À son travail
	EN travaillant
	SANS effort
	SANS travailler
	SANS que je *doive* l'aider

Exemples :

- **En** s'adress**ant** à lui, elle est sûre d'être bien conseillée.

- **Grâce à** vos conseils, elle pourra faire des progrès.

- Il est parti *sans que* je le sache.

La comparaison

Avec un adjectif

L'avion est **plus** rapide **que** la voiture.

La voiture est **moins** rapide **que** l'avion.

La moto est **aussi** rapide **que** la voiture.

avec un adjectif →	+	PLUS ... QUE
	−	MOINS ... QUE
	=	AUSSI ... QUE

Pour exprimer

Avec un verbe

| Pierre a 4 leçons | Jean a 2 leçons | Marc a 2 leçons |

Pierre <u>travaille</u> **plus que** Jean.

Jean <u>travaille</u> **moins que** Pierre.

Jean <u>travaille</u> **autant que** Marc.

| avec un verbe | → | + PLUS ... QUE
− MOINS ... QUE
= AUTANT ... QUE |

Avec un nom

Pierre a 4 leçons   Jean a 2 leçons   Marc a 2 leçons

Pierre a **plus de** leçons *que* Jean.

Jean a **moins de** leçons *que* Pierre.

Jean a **autant de** leçons *que* Marc.

avec un nom →		
	+	PLUS … QUE
	−	MOINS … QUE
	=	AUTANT … QUE

« Si » et « tant » dans la comparaison

Ce ***n*'est *pas si*** simple = ce n'est pas ***aussi*** simple
Il ***n*'y a *pas tant*** de problèmes = il n'y a pas ***autant*** de problèmes

À la forme négative,	SI	=	AUSSI
	TANT	=	AUTANT

Exemples :

– Il ne travaille pas ***tant*** que nous.

– Je ne suis pas ***si*** courageux que lui.

« Ne » et « le » dans la comparaison

C'est *plus* facile que je *(ne) (le)* croyait.
Il y a *moins* de problèmes qu'il *(ne) (le)* disait.

→ « NE » ET « LE » SONT TOUJOURS FACULTATIFS MAIS TRÈS UTILISÉS APRÈS « MOINS » ET « PLUS ».

C'est *aussi* facile que je *(le)* pensait.
Ce n'est pas *aussi / si* simple qu'il *(le)* dit.

→ « LE » EST FACULTATIF MAIS TRÈS UTILISÉ | APRÈS « AUSSI »
« NE » N'EST JAMAIS UTILISÉ | ET « SI »

Exemples :

- Pensez-vous qu'il soit *aussi* courageaux qu'il *le* prétend ?
- Ce restaurant est *meilleur* qu'on *ne* me *l'*avait dit.
- Ce travail demande *plus* de patience que je *ne le* pensais.

Pour exprimer

Le superlatif

Le plus - le moins

Tous les experts sont compétents mais celui-là est **le plus** compétent.

Il pleut dans toutes les régions de France mais c'est en Alsace qu'il pleut **le moins**.

Il y a des touristes dans toutes les régions mais c'est sur la Côte d'Azur qu'il y a **le plus de** touristes.

| LE PLUS | + | ADJECTIF |
| LE MOINS | | VERBE |

| LE PLUS DE | + | NOM |
| LE MOINS DE | | |

Meilleur ≠ mieux

Je travaille **bien**. → Je travaille **mieux** que Philippe.
C'est moi qui travaille **le mieux**.

Je travaille mal. → Je travaille **plus mal** que Philippe.
Je travaille **moins bien** que Philippe.
C'est moi qui travaille **le plus mal**.
C'est moi qui travaille **le moins bien**.

J'ai fait du **bon** travail. → J'ai fait du **meilleur** travail que Philippe.

J'ai fait du **mauvais** travail. → J'ai fait du **plus mauvais** travail que Philippe.
J'ai fait du **moins bon** travail que Philippe.

C'est mon travail qui est **le meilleur**.
C'est mon travail qui est **le pire**.

BON	→	MEILLEUR	→	LE MEILLEUR
BIEN	→	MIEUX	→	LE MIEUX
MAUVAIS	→	PLUS MAUVAIS	→	LE PIRE
		MOINS BON		
MAL	→	PLUS MAL	→	LE PLUS MAL
		MOINS BIEN		LE MOINS BIEN

Attention : Ça va de mal en **pis** !

Pour exprimer

Les circonstances : tableaux récapitulatifs

La cause - L'explication

Indicatif ou conditionnel	Subjonctif	Infinitif	Nom
parce que car (*) en effet comme (**) puisque étant donné que si ..., c'est que vu que du fait que d'autant plus que	—	sous prétexte de faute de	à cause de en raison de grâce à pour faute de à force de

(*) car : jamais en tête de phrase.
(**) comme : toujours en tête de phrase.

Le but

Indicatif	Subjonctif	Infinitif	Nom
—	pour que	pour	pour
	afin que	afin de	en vue de
	de crainte que... (ne)...(*)	dans le but de	par peur de
	de peur que... (ne)...(*)	de crainte de	par crainte de
		de peur de	

(*) « ne » explétif est facultatif mais très fréquent.

Le temps : simultanéité

Indicatif	Subjonctif	Infinitif	Nom
quand - lorsque	—	sous prétexte de	pendant
pendant que		au moment de	durant
tandis que			au moment de
chaque fois que			lors de
au moment où			au cours de
(au fur et) à mesure que			
plus ... plus ... moins ... moins			
tant que			
aussi longtemps que			

Le temps : postériorité

Indicatif	Subjonctif	Infinitif	Nom
quand	(après que) (*)	après	après
lorsque		+ infinitif passé	dès
après que			depuis
dès que			
aussitôt que			
depuis que			

(*) « après que » + subjonctif est de plus en plus fréquent.

Le temps : antériorité

Indicatif	Subjonctif	Infinitif	Nom
—	avant que ... (ne) ... (*)	avant de	avant
	en attendant que	en attendant de	jusqu'à
	jusqu'à ce que		en attendant

(*) « ne » explétif est facultatif mais très fréquent.

L'opposition

Indicatif	Subjonctif	Infinitif	Nom
même si	bien que	avoir beau	malgré
alors que	quoique		en dépit de
pour autant	si ... que		
certes ... mais	quel que soit		
ce n'est pas parce que ... que	quoi que		
	que... ou que...		

La conséquence

Indicatif	Subjonctif	Infinitif
de (telle) sorte que	de manière que	de manière à
si bien que	de façon que	de façon à
si ... que	de (telle) sorte que	
tant (de) ... que	trop ... pour que	trop ... pour
tellement (de) ... que	assez ... pour que	assez ... pour
aussi + inversion	suffisant pour que	suffisant pour
C'est pourquoi	suffisamment ... pour que	suffisamment pour
C'est la raison pour laquelle		
C'est le motif pour lequel		

La condition - La supposition - L'hypothèse

Indicatif	Conditionnel	Subjonctif	Infinitif
si	au cas où	à condition que	à condition de
	dans le cas où	à supposer que	à moins de
	pour le cas où	pour peu que	
	dans l'hypothèse où	à moins que ... (ne) ... (*)	

(*) « ne » explétif est facultatif mais très fréquent.

Les expressions utiles

Les jours - les mois - les saisons

Quel jour sommes-nous ?

Nous sommes lundi   vendredi
              mardi   samedi
              mercredi dimanche
              jeudi

Janvier	Avril	Juillet	Octobre
Février	Mai	Août	Novembre
Mars	Juin	Septembre	Décembre

en mars = au mois de mars

C'est le printemps = Nous sommes *au* printemps
C'est l'été   = Nous sommes *en* été
C'est l'automne   = Nous sommes *en* automne
C'est l'hiver   = Nous sommes *en* hiver

Expressions utiles

	AN	≠	ANNÉE
trois			
cinq	***ans***	≠	chaque ***année***
dix			l'***année*** dernière
cent			

Un peu de calcul !

Expressions utiles

Les fractions

1/2	=	un demi
1/3	=	un tiers
1/4	=	un quart
1/5	=	un cinquième
1/6	=	un sixième

etc.

Les mesures

10 m^2 =		dix mètres carrés
3 m^3 =		trois mètres cubes

Les pourcentages

5 %	=	cinq pour cent
3 ‰	=	trois pour mille

Les opérations

2 + 3 = 5   → deux ***plus*** trois ***égalent / font*** cinq

5 - 2 = 3   → cinq ***moins*** deux ***égalent / font*** trois

5 x 2 = 10 → cinq | ***fois*** deux ***égalent / font*** dix
             | ***multiplié par***

10 : 2 = 5 → dix ***divisé par*** deux ***égalent / font*** cinq

Dizaine ≠ Dixième

environ 10   = une dizaine (*)   1/10   = un dixième
environ 100   = une centaine   1/100 = un centième
environ 1.000 = un millier   1/1000 = un millième
etc.

(*) même transformation pour 8 - 12 - 15 - 20 - 30 - 40 - 50 - 60

Exemples :

– Il viendra dans **une huitaine de** jours.

– Il n'a pas fait **le dixième de** son travail.

– **Une trentaine de** personnes ont participé à la réunion.

Le genre des noms

Masculin	Féminin
• *-age* un voyage, un avantage (sauf : **une** image, page, plage, cage, rage, nage)	• *-ence / ance* une circonstance, une exigence (sauf : le silence)
• *-ment* un gouvernement, un appartement	• *-tion / sion* la gestion, la mission
• *-eur* (concret) un directeur, un inspecteur	• *-eur* (abstrait) une valeur, une odeur (sauf : **un** bonheur, **un** malheur)
• *-eau* le bureau, le tableau (sauf : **la** peau, **une** eau)	• *-té* la facilité, la difficulté (sauf : **le** côté, **le** comité)
• *-asme / isme* le communisme, un enthousiasme	• *-ure* la facture, la cassure (sauf : le murmure)

- **-et**

  le sujet, le projet

- **-al**

  le journal, le cheval

- **-ier**

  le papier

- **-ette**

  la cassette

  (sauf : **le** squelette)

- **-tié**

  la pitié, une amitié

- **-ière**

  la prière

  (sauf : **le** cimetière)

Les accents et la ponctuation

é	accent aigu	ê	accent circonflexe
è	accent grave	ë	tréma
,	virgule	!	point d'exclamation
.	point	?	point d'interrogation
;	point-virgule	…	points de suspension
:	deux points	( )	– ouvrez, fermez la parenthèse
« »	– ouvrez, fermez les guillemets		– entre parenthèses
	– entre guillemets		

savoir ≠ connaître

Expressions utiles

Je connais monsieur Cassi.

Connaissez-vous Paris ?

Je ne connais pas ce livre.

Il n'a pas connu son grand-père.

CONNAÎTRE + PERSONNE / CHOSE / LIEU

Je sais où il habite.

Je ne sais pas quand il viendra.

Savez-vous à quelle heure il part ?

Je ne sais pas si ça lui fera plaisir.

SAVOIR + VERBE

retourner ≠ revenir

Je reviens	ICI
Je retourne	LÀ-BAS

J'irai à Paris jeudi et je **reviendrai** dimanche.

Je reviendrai dimanche mais je **retournerai** à Paris le mois prochain.